AF474660

RECHERCHE

DE LA

MEILLEURE DES RÉPUBLIQUES

ÉMILE LEFÈVRE

Architecte,

Membre de la Société des Agriculteurs de France

et de la Société internationale des Électriciens.

PARIS

GUILLAUMIN ET Cie, ÉDITEURS

De la Collection des principaux Economistes, du Journal des Economistes,

du Dictionnaire de l'Economie politique,

du Dictionnaire universel du Commerce et de la Navigation, etc.

Rue Richelieu, 14

1889

RECHERCHE

DE LA

MEILLEURE DES RÉPUBLIQUES

RECHERCHE

DE LA

MEILLEURE DES RÉPUBLIQUES

ÉMILE LEFÈVRE

Architecte,
Membre de la Société des Agriculteurs de France
et de la Société internationale des Électriciens.

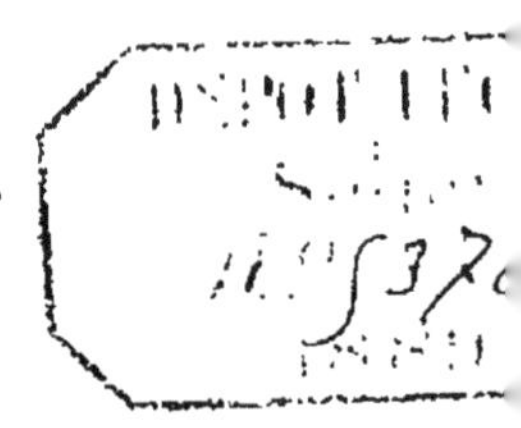

PARIS
GUILLAUMIN ET Cie, ÉDITEURS
De la Collection des principaux Economistes, du Journal des Economistes,
du Dictionnaire de l'Economie politique,
du Dictionnaire universel du Commerce et de la Navigation, etc.
Rue Richelieu, 14

1889

AU LECTEUR

Devant le spectacle navrant qui se déroule chaque jour sous nos yeux, depuis dix-huit ans; que faire?

Regarder le danger en face, résolument et trouver dans sa grandeur même, la force de le conjurer. « Espérer contre l'espoir ». Tel est le cri qui doit partir du cœur de tous les hommes dévoués aux idées du dix-neuvième siècle.

Le mal qui travaille la Société une fois constaté, notre devoir est de nous pencher vers elle, non pas comme un anatomiste sur un cadavre, mais comme un médecin sur un malade, et de rechercher dans les profondeurs les plus intimes de son organisme, le principe qui doit la guérir.

Tel est le but que nous nous proposons de poursuivre, mettant de côté toute récrimination, prenant les hommes politiques pour ce qu'ils sont, les laissant pour ce qu'ils valent; acceptant toute sage observation, prêt à répondre à quiconque tenterait de nous arrêter dans notre marche :

Nous combatte et nous réfute qui le peut!
Nous appuie qui le veut!

EMILE LEFÈVRE.

Paris, 15 *août* 1889.

RECHERCHE

DE LA

MEILLEURE DES RÉPUBLIQUES

CHAPITRE PREMIER

LA CRISE POLITIQUE

Ses causes

Pourquoi nos mandataires et nos ministres n'ont-ils pas réalisé les réformes que le peuple réclame à cor et à cri depuis dix-huit ans? Pour des causes multiples que nous allons essayer de développer.

1° Dans un moment de crise, tout est crise; tout progrès s'achète par des troubles et par des souffrances. Nulle transformation ne peut s'accomplir dans l'ordre social sans ébranler passagèrement la Société qu'elle renouvelle, et qu'elle moralise

Enfin c'est la loi de cette terre, que le moindre bourgeon ne saurait s'épanouir sans déchirer l'enveloppe qui le renferme.

2° Tout homme qui gouverne aujourd'hui a besoin d'un apprentissage tout nouveau, et se trouve en face de difficultés inconnues. Le souverain, le ministre, le juge, le maître ont une mission mille fois plus ardue qu'autrefois; car la fonction, ne suffit plus pour honorer celui qui l'exerce, il faut que ce soit lui qui honore la fonction. En est-elle amoindrie ou rabaissée pour cela? Au contraire, une fonction s'élève en proportion directe du devoir qu'elle impose, des vertus qu'elle suppose et des bienfaits qu'elle est forcée de répandre. Voilà pourquoi la République est à nos yeux supérieure en principe au gouvernement personnel; et voilà pourquoi aussi, en raison de sa supériorité même, elle est condamnée à des devoirs si difficiles et si nouveaux.

3° La vie publique, quand on y joint un peu d'esprit pour bien parler, couvre tous les défauts naturels, relève des talents éblouissants et fait paraître un homme digne de toutes les places dont il est éloigné. Mais, c'est l'Autorité qui expose tous les talents à une rude épreuve, et qui met au jour tous les défauts. La grandeur est comme certains verres qui grossissent tous les objets. Tous les défauts paraissent croître dans ces hautes places, où les moindres choses ont de grandes conséquences, et où les plus légères fautes ont de violents contre-coups. Le monde entier est occupé à observer un seul homme à toute heure, et à le juger en toute rigueur. Ceux qui le jugent n'ont aucune expérience de la situation qu'il occupe. Ils n'en sentent point toutes les difficultés et ils ne veulent point qu'il soit homme, tant ils exigent de lui.

4° Notre impétuosité de désir, notre impatience de tous les obstacles qui nous séparent de la possession de l'objet désiré, notre folle imprévoyance, notre puissance d'illusion n'ont d'égale que notre puissance de désillusion.

L'impatience, qui paraît une force et une vigueur de l'âme, n'est qu'une faiblesse et une impuissance de souffrir la peine. Celui qui ne sait pas attendre et souffrir, manque de fermeté pour se retenir. L'homme impatient est entraîné par ses désirs indomptés et parfois farouches dans un abîme de malheurs. Plus sa puissance est grande, plus son impatience lui est funeste : il n'attend rien, il ne se donne le temps de rien mesurer ; il force toutes choses pour se contenter ; il rompt les branches pour cueillir les fruits avant qu'ils ne soient mûrs ; il brise les portes, plutôt que d'attendre qu'on les lui ouvre; Il veut moissonner quand le laboureur sème; tout ce qu'il fait à la hâte et à contre-temps est mal fait, et ne peut avoir de durée.

Ces diverses causes morales exprimées; arrivons à l'état actuel.

Quand il y a crise, chacun cherche, dans la profession qu'il exerce, la cause du mal. Nos législateurs ont cru la trouver dans les lois constitutionnelles qui nous régissent; entrons donc dans l'examen approfondi de ces lois.

DES LOIS CONSTITUTIONNELLES

Révision

Tous les programmes républicains réclament la Révision de la Constitution par une Assemblée constituante élue à cet effet.

D'abord, avons-nous en ce moment une Constitution? Non! Nous avons des lois organiques résultant d'un pacte passé en 1875 entre les deux grands partis qui divisaient et divisent encore le pays.

En effet, la constitution d'un pays doit être l'expression de deux choses : D'une part, les droits de l'homme.

De l'autre, ses devoirs dont les lois constitutionnelles doivent être l'expression.

Donc, ce n'est pas une simple révision à effectuer, mais une constitution entièrement nouvelle à faire. D'ailleurs, une nation, quelque prépondérante qu'elle soit ne saurait se détacher des autres, surtout, quand il existe entre elles une certaine homogénéité d'origine, une civilisation analogue et presqu'égale, et de fréquentes et continuelles relations. Il se forme entre ces nations comme un lien de solidarité qui les contraint à n'avoir que des développements en quelque sorte simultanés et communs. Un pays compris dans un système social à peu près semblable à celui d'une planète, ne saurait se permettre une progression propre ; il ne peut s'avancer dans une route spéciale qu'à la condition d'entraîner avec lui tout le système auquel il appartient.

Or, c'est bien le but auquel tend le parti républicain, d'arriver à entraîner tous les peuples de l'Europe vers la République. Il est donc de toute nécessité pour y arriver, de chercher des liens naturels existant entre la France et les autres puissances, et, par conséquent, il nous faut à l'égard de la constitution que nous voulons faire, rechercher ces liens d'attache dans les constitutions des États voisins.

Ce travail réclamerait un certain laps de temps matériel pour les recherches ; et pourtant, d'autre part, il est d'une absolue nécessité de ne pas rester dans l'état d'anarchie dans lequel nous sommes plongés.

Que faire? Voir si, soit dans nos constitutions, soit dans celles des nations voisines, rien ne pourrait nous venir en aide pour en sortir.

Nos législateurs sont divisés sur les réformes à y apporter, une quantité notable d'entre eux réclame la suppression de la Présidence et du Sénat. Occupons-nous d'abord de la première.

SUPPRESSION DE LA PRÉSIDENCE

Quand une idée quelconque vient à frapper notre esprit, notre premier acte est de rechercher tout d'abord, de qui elle émane. Or, de quelle bouche est sorti ce cri:

« Plus de Président! »

De la bouche de *M. Jules Grévy*! L'homme le plus dépourvu de sens politique, et qui après l'avoir répudiée pour les autres, a commis l'indignité de l'accepter pour lui-même, reniant ainsi son opinion première.

Eh bien! peut-on de but en blanc, admettre, comme parole d'évangile, un tel cri émanant d'un tel personnage?

A notre avis, non!

Actuellement, suivons pour en connaître le résultat, la méthode employée fréquemment en mathématiques pour résoudre un problème : Supposons la Présidence un instant abolie. Qu'arrivera-t-il?

Que le pouvoir exécutif se composera d'un certain nombre de ministres, *tous responsables*, dont l'un d'eux Président du Conseil, sera de fait le Chef de l'État, en plus et en dehors de l'administration dont il aura la direction.

Cherchons donc en quoi consistent les fonctions d'un Chef d'État lesquelles, jusqu'à ce jour, n'ont été énoncées dans aucune Constitution ancienne ou moderne. A nos yeux, le vrai génie qui conduit un État, est celui qui invente, qui pénètre dans l'avenir, qui retourne dans le passé, qui arrange, qui proportionne, qui prépare les lois; qui se raidit pour lutter sans cesse contre la fortune, qui est attentif nuit et jour à ne rien laisser au hasard.

Un Chef d'État, doit gouverner en choisissant et conduisant ceux qui gouvernent sous son initiative; il ne faut pas qu'il s'occupe du détail, car c'est remplir la fonction de ceux qui ont à travailler sous lui; il doit seulement se faire rendre compte de tout, et en savoir assez, pour entrer dans ce compte avec discernement. C'est admirablement gouverner que de choisir et d'appliquer selon leurs talents les hommes qui prêtent leur concours au gouvernement. Il faut les observer, les éprouver, les corriger, les animer, les élever, les rabaisser, les changer de place s'il est nécessaire. Vouloir examiner tout par soi-même, c'est défiance, c'est petitesse; c'est se livrer à une jalousie pour des détails qui consument le temps et la liberté d'esprit nécessaires pour les grandes choses. Pour former de grands desseins, il faut avoir l'esprit libre et reposé; il faut penser à son aise dans un entier dégagement de toutes les expéditions d'affaires épineuses. Un esprit épuisé par le travail n'a plus ni force ni délicatesse. Ceux qui gouvernent par le détail sont toujours déterminés par le présent, sans étendre leurs vues sur un avenir éloigné; ils sont toujours entraînés par l'affaire du jour où ils sont, et cette affaire étant seule à les occuper, elle les frappe trop; elle rétrécit leur esprit; car on ne juge sainement des affaires que quand on les compare toutes ensemble et qu'on les place toutes dans un certain ordre, afin qu'elles aient de la suite et de la proportion.

Dans ces conditions, le Président du Conseil ne peut s'occuper des détails d'un ministère, et la preuve éclatante, c'est que depuis 1876 aucun président du Conseil n'a pu se dispenser d'avoir un sous-secrétaire d'État lequel administre en son nom le Ministère qu'il lui est donné de gérer.

De plus ce Président du Conseil, a le devoir, comme Chef d'État, de recevoir les personnages accrédités par les puissances étrangères près le gouvernement de la République.

Enfin tant qu'en Europe il existera un empereur, un roi, que dis-je, l'ombre d'un roi, un roitelet quelconque gouvernant une infime partie de l'Europe, ceux-ci étant l'expression mathématique du pouvoir personnel, il est du devoir de la France d'avoir, pour lui faire face, un Président qui, lui, doit être l'expression mathématique de l'autorité. Car il ne faut pas l'oublier, le pouvoir et l'Autorité sont deux choses fort dissemblables et que l'on confond toujours.

Le pouvoir est un fait; il agit par la force matérielle ou par la voie légale, mais il n'a que la valeur d'un fait; ceux qui l'exercent n'ont pas besoin, pour l'exercer, de l'adhésion de ceux qui le subissent. Les uns pèsent,les autres plient et le pouvoir est complet.

Tout autre nous apparaît l'Autorité. Elle est chose morale; l'autorité s'exerce sur les âmes; ni contrainte, ni terreur ne la donne. Elle suppose la justice dans celui qui l'exerce, et le respect dans celui qui la subit! Il lui faut le consentement de ceux qui se courbent sous son empire; elle suppose la vertu dans celui qui l'obtient, et la vénération dans celui qui l'accepte.

Donc en cet état de choses, le Président du Conseil serait : *Un Ministre responsable sans portefeuille*, c'est-à-dire, réellement *un Président de la République responsable solidairement avec ses Ministres*, inversement à ce qui a lieu aujourd'hui.

Or, dans tout pays libre, chacun doit être responsable de ses actes en rapport direct avec la grandeur des fonctions qu'il exerce. Et nous avons la conviction que c'est ce manque de responsabilité du Président de la République qui a servi de base à M. de Bismarck pour entraîner l'Italie à s'allier à l'Allemagne contre nous en faisant ressortir à ceux qui la gouvernent, qu'une nation ayant à sa tête un chef d'État dépourvu de toute responsabilité, est une nation livrée à l'anarchie des partis. D'où, à nos yeux, la nécessité d'un *Président de la République responsable.*

SUPPRESSION DU SÉNAT

Examinons actuellement le second point : La suppression du Sénat.

Disons tout d'abord à ceux qui la réclament, qu'en principe, ils sont dans le vrai; car de deux choses hétérogènes on ne peut faire un tout homogène, à moins de conditions particulières qui n'existent pas dans la constitution actuelle.

Les griefs qu'ils ont contre le Sénat sont de trois sortes :

Suivant eux, premièrement :

Le suffrage restreint serait en opposition avec celui universel.

C'est vrai, mais il est indéniable que lors d'une élection sénatoriale, tous les électeurs délégués votent; tandis qu'aux élections législatives (à part l'élection du 27 janvier 1889 sur laquelle nous reviendrons) il n'y a pas la moitié des électeurs qui prennent part au vote. Donc, toute proportion gardée, les sénateurs sont beaucoup plus les mandataires réels de leurs électeurs, que les députés ne le sont des leurs.

Deuxièmement il serait inutile, parce que, dit-on, lorsqu'une loi a été à deux reprises différentes discutée à la Chambre elle a été étudiée à tous les points de vue et que le temps employé par le Sénat pour l'examiner et la voter est inutilement perdu.

A nos yeux, cette affirmation dernière est le résultat d'une profonde erreur et nous en justifions par ce fait d'un projet de loi actuellement en discussion à la Chambre des députés, qui doit y attendre la seconde lecture avant son envoi au Sénat, et relatif à « la suppression facultative des octrois » projet déposé par un député et dont voici le dispositif :

« Les communes auront le droit de remplacer leurs octrois, en tout ou partie, par des taxes directes dont elles pourront elles-mêmes déterminer l'assiette sous la condition suivante :

« Ces taxes ne devront être prélevées que sur des propriétés ou objets situés dans la commune ou des revenus en provenant ; elles devront s'appliquer à toutes les propriétés, objets ou revenus de même nature ; elles devront être assises sur des propriétés ou objets tangibles ayant des signes apparents de richesse ; elles devront être proportionnelles. »

D'abord qu'est-ce que c'est qu'une loi *facultative* ? La loi doit être établie pour tous, ou alors elle devient un privilège pour certains ; or, nous réclamons l'abolition de tous les privilèges et voici qu'un mandataire du peuple en réclame un nouveau !

Certes, à première vue, cette proposition montre de la part de son auteur, une très grande habileté à détourner le mal, mais en regardant attentivement, on y découvre la parfaite ignorance des faits, ignorance qui n'a d'égal que celle des journalistes qui approuvent ce projet.

En effet, ces taxes, dit l'auteur de la proposition, devront être assises sur des propriétés ou objets tangibles ou des signes apparents de richesses.

Mais, il ne sait donc pas ce que le dernier paysan n'ignore, que lorsqu'une ville vient à s'imposer un octroi, c'est que rien ne peut plus produire :

Que toutes les villes avant d'en arriver à ce moyen extrême ont tout épuisé. Qu'il n'y a que des petites communes ou bourgs de 100 à 800 âmes qui possèdent encore aujourd'hui des biens communaux, soit en bois, soit en usuelles.

Q'aucune propriété en province ne rapporte au-delà de trois pour cent; que des terres qui, il y a trois ans encore, rapportaient, sont en friche? Qu'elles sont pour les trois quarts (grâce au crédit foncier) hypothéquées de la moitié de leur valeur.

Que lorsqu'une ville s'impose un Octroi, elle est dans la situation d'un individu qui, gêné dans ses affaires, après avoir emprunté sur ses biens et ses valeurs, porte au mont-de-piété les objets qu'il espère un jour pouvoir retirer.

Pour notre compte personnel, nous mettons au défi, l'auteur du projet, ancien conseiller municipal, député de Paris et Ministre, de trouver en cette ville des propriétés ou des objets tangibles ayant des signes apparents de richesse sur lesquels on puisse prélever des taxes.

Et certainement s'il s'était trouvé à la Chambre, un seul député sérieux et clairvoyant ayant exprimé ce que nous venons de dire, ce projet de loi n'aurait pas tenu debout un quart d'heure ; car il n'a d'autre but que de dire aux électeurs :

Vous nous avez élus dans le but d'obtenir la suppression des octrois ; ne pouvant y parvenir, nous vous prions de trouver vous-mêmes le moyen de les remplacer.

Or, il est évident que si l'on admettait un instant que ce projet fût voté en seconde lecture à la Chambre, et envoyé au Sénat, si celui-ci le rejette, on poussera des cris de paon à son adresse, et pourtant de fait il aura eu raison.

En dernier lieu, les adversaires du Sénat disent qu'il est un obstacle à la marche des affaires; notamment l'un deux, député de la Seine qui a été deux fois ministre, déblatérait dans une réunion publique contre lui en ces termes :

« Croiriez-vous qu'il y a en ce moment au Sénat *soixante-quinze* projets de lois qui y dorment depuis dix ans.

A ce député, ex-ministre, nous ferons simplement observer que son journal déclarait en octobre

1885, que la session close, *cent-vingt-cinq* projets de loi et propositions diverses étaient restés sur le carreau de la Chambre, et que ce même journal, en mai 1888, déclarait qu'il y en avait *trois cent-cinquante*, qui attendaient leur tour. Dans cet état, les députés qui portent chacun si haut leur cinq-cent-quatre-vingt-quatrième part de souveraineté ne font pas preuve d'une grande célérité à expédier les affaires.

C'est ainsi que l'on voit une paille dans l'œil de son voisin et que l'on n'aperçoit pas une poutre dans le sien.

Il est incontestable qu'il existe entre ces deux corps législatifs une jalousie, et de là une animosité très préjudiciable aux intérêts de la nation, par suite du manque de rapport direct entre eux; et que chacun entend tirer à lui la couverture. Si nous nous donnons la peine de chercher dans les constitutions des nations voisines, nous trouvons dans la constitution de la Norwège le moyen de remédier à ces choses et cela consisterait à ajouter à notre constitution un article ainsi conçu :

« Lorsqu'un projet de loi aura été voté par la Chambre des députés, et soumis au Sénat, et que celui-ci l'aura rejeté en tout ou partie, de droit, ces deux Chambres devront se réunir, dans le délai de huit jours, en une assemblée plénière, laquelle votera ou rejettera définitivement le dit projet de loi.

LES ÉLECTIONS MULTIPLES

Une autre proposition que des députés ont introduite dans la loi électorale, est à examiner, c'est celle qui a rapport aux élections multiples. Cette proposition très juste, ne relève pas d'une loi électorale mais bien de la Constitution, ainsi qu'en justifie celle de 1848, dans laquelle il était dit, art. 34 :

« Les membres de la Chambre des députés sont les représentants, non des départements qui les nomment, mais de la France entière.

Article qu'il aurait suffi de compléter par un alinéa tel que celui-ci :

« En conséquence aucun député ou sénateur *élu*, ne peut se représenter devant un nouveau collège électoral. »

La loi récemment votée sous l'empire de la peur d'un seul homme n'aboutira à aucun résultat. Car, supposons qu'un candidat quelconque soit, aux élections générales, élu au premier tour de scrutin. Élu, il n'est plus candidat en cette section ; il a donc le droit de se représenter dans une autre, où existe un ballotage, sous la seule réserve d'en faire la déclaration cinq jours avant le second tour de scrutin.

La peur est toujours mauvaise conseillère et nous affirmons que nos législateurs ont fait là une loi qui tournera contre eux-mêmes.

Pour nous résumer, afin de rétablir le calme et la confiance dans les esprits, nous émettons le vœu :

Qu'en conformité de l'article 8 de la loi relative à l'organisation des pouvoirs publics, Monsieur le Président de la République, daigne prendre l'initiative de demander aux Chambres de se réunir pour réviser les lois constitutionnelles dans le but :

1° De lui rendre sa responsabilité personnelle, et de définir ses fonctions ;

2e De créer entre les deux Chambres un lien qui détruirait l'antagonisme existant actuellement entre elles, et ce, par un article additionnel déclarant :

« Que dans le cas où un projet de loi ou une proposition quelconque ayant été votés par la Chambre des Députés seraient rejetés en tout ou partie par le Sénat ; de droit, les deux Chambres devraient se réunir dans un délai de huit jours, en une assemblée plénière qui votera ou rejettera d'une façon définitive les dits projet ou proposition.

3° D'introduire un second article additionnel déclarant que les membres de chacune des deux

Assemblées sont les représentants non des arrondissements, ni des départements qui les nomment, mais de la France entière.

Qu'en conséquence, nul député ni sénateur élu, ne peut, dans le cours de son mandat, se représenter devant un nouveau collège électoral.

4° Afin de réglementer le parlementarisme dans les deux Chambres, que chacune d'elles, toujours à l'exemple de la Norwège que nous citions tout à l'heure, ait le droit de se subdiviser en deux parties. La première composée d'un quart de ses membres, formera une Chambre de *Conseil* qui aura pour mission d'élaborer les projets de lois, émanant tant de l'initiative du gouvernement que des membres de chacune des deux Chambres.

Les membres composant ce Conseil seront dispensés d'assister aux séances publiques à l'exception de celles où les projets de lois élaborés par eux seront en discussion.

Enfin dans le but de répondre au desideratum de tous :

5° Qu'une Commission spéciale composée de trente membres pris en dehors des deux Chambres, et parmi les jurisconsultes les plus éminents de la nation, sera nommée à la fin de la dernière session de l'année 1892. Cette Commission devra élaborer une constitution nouvelle, laquelle sera soumise à l'approbation d'une assemblée constituante spécialement élue à cette effet en 1893; un mois avant le terme légal des pouvoirs de la Chambre des députés.

Et nous ne saurions douter que le petit-fils du grand Carnot, l'organisateur de la victoire, non seulement se prête de tout cœur à cette combinaison mais encore qu'il prenne l'initiative de réunir le Congrès, heureux de pouvoir justifier que son plus grand désir est de marcher sur les traces de son aïeul, et de mériter à son tour le titre d'Organisateur de la République Française.

Et alors, cette révision partielle de la constitution étant réalisée, ayant la certitude acquise d'avoir une véritable constitution républicaine dans quatre ans; nos représentants, à quelque Chambre qu'ils appartiennent, pourront entrer à pleines voiles dans l'étude et la réalisation des réformes réclamées par tous depuis dix-huit ans, dont nous allons indiquer la marche et les enchevêtrements successifs.

Mais avant, il nous paraît nécessaire de ne pas laisser passer sous silence un fait capital dont personne jusqu'à ce jour ne s'est préoccupé, bien qu'à diverses reprises, il ait eu un résultat très significatif:

DU ROLE DES DÉPUTÉS ET DES MINISTRES

Dans la comédie politique il doit en être de même que dans toute comédie humaine et notamment dans celle judiciaire.

Dans la comédie humaine quand un acteur, par une circonstance quelconque, vient à changer de rôle, ses paroles, ses actes, ses gestes doivent changer; au théâtre, il va jusqu'à changer de costume et se grimer pour se rendre méconnaissable.

Dans la comédie judiciaire, quand une affaire est appelée devant un tribunal, l'avocat du demandeur expose les faits, et les prétentions de son client; celui du défendeur contredit ces faits ou les présente sous un autre aspect à l'avantage du sien; le premier reprend et ainsi de suite. Mais lorsque le Président du Tribunal prononce la phrase sacramentelle :

Messieurs, l'affaire est entendue!

Le rôle de l'avocat cesse et survient alors celui de l'avoué, lequel consiste à lever le jugement, le signifier aux parties et le faire exécuter.

Dans la Comédie politique, disons-nous, il doit en être de même. Un député à la Chambre, avocat de ses électeurs, doit défendre, discuter les lois, combattre ses adversaires. Mais, quand ce député est appelé par la confiance du Président de la République aux fonctions ministérielles, son rôle de député est terminé, il n'a plus qu'à faire exécuter les lois. C'est l'oubli de cette règle élémentaire, par le Président du Conseil du 27 janvier 1889 qui a occasionné le vote déplorable de ce jour.

En effet, Ministre, il a combattu un des chefs des divers partis qui divisent si malheureusement la Chambre des députés.

Et! tout d'abord qu'était ce chef de parti?

Un ex-commandant de corps d'armée qui n'a du général que le nom sans en avoir les qualités, et qui, se croyant un Samson moderne, non seulement avait laissé pousser sa barbe, mais encore, l'avait rendue obligatoire à toute l'armée, et n'avait oublié que la chose principale : « De découvrir l'onguent nécessaire pour la faire pousser à ceux qui n'en avaient pas! » Voilà l'homme dépouillé de tous les oripeaux qui le parent, en un mot, dans toute sa nudité, et contre lequel ce Ministre a poussé le combat jusqu'à la lutte brutale.

Une élection devant avoir lieu dans le département de la Seine, ce chef de parti ayant déclaré poser sa candidature; le Ministre, au lieu d'observer le délai d'usage de deux mois pour l'ouverture de la période électorale, pendant lequel les électeurs eussent eu le temps de faire choix d'un candidat; l'ouvrit immédiatement et par l'intermédiaire des députés de son parti posa un candidat, dont les rapports de famille avec lui, achevaient d'en faire un candidat officiel.

La lutte était donc bien, de fait, circonscrite entre ce chef de parti et lui, Ministre.

Le scrutin a donné gain de cause à son adversaire, c'est-à-dire qu'il a démontré que les électeurs ne veulent à aucun prix de candidature officielle.

Et que leur volonté suprême se résume en ces mots :

Paix! Économie! Travail! et veut être réalisée.

Par nature, nous sommes sans cesse prêts à négliger de faire la besogne qui nous incombe pour faire celle des autres.

Que Messieurs les députés y prennent bien garde, cette faute commise a eu et peut encore avoir de graves conséquences.

Le peuple dans l'élection du 27 janvier a justifié que ce Ministre dont nous venons de parler, a accumulé sur sa tête l'exécration de la population parisienne.

Le gouvernement étant l'émanation directe ou indirecte de la souveraineté populaire, n'a rien à voir dans les élections. Il n'a ni à s'imposer, ni même à diriger les électeurs.

Chaque fois que la Chambre des députés est renouvelée, le sentiment populaire se fait jour, et le gouvernement devrait s'orienter dans le sens de ce sentiment.

Ce que le peuple réclame en ce moment, ce n'est pas un « César », c'est un guide expérimenté qui dégage la voie des réformes de toutes les broussailles qui l'obstruent. Et il suffira qu'ainsi dégagée, il aperçoive la lueur réelle d'une ère nouvelle pour qu'instantanément il justifie que notre belle France, est, même dans les circonstances les plus douloureuses et les plus critiques, ce qu'elle a toujours été jusqu'à ce jour, ce qu'elle sera toujours aux points de vue intellectuel, moral et humanitaire :

« La Reine des Nations ! »

Surtout si ce guide a le mérite suprême, si un jour la popularité l'atteint jamais, de dire à ceux qui acclameraient son nom ;

Silence ! Ne criez jamais « Vive un tel ! » Car pousser un tel cri, c'est d'avance, lui élever un piédestal en pierre sèche, sur un sol mouvant, sur lequel on écrit avec précipitation : « Un tel a bien mérité de la patrie. »

Or, il n'appartient qu'à l'histoire de le faire lorsque l'homme a rendu son dernier soupir; et lorsqu'on veut la devancer, elle renverse cette œuvre de l'adulation.

En effet, consultez-la, cette histoire !

Voyez les Robespierre, les Marat et tant d'autres auxquels la Convention avait voté qu'ils avaient bien mérité de la patrie; leurs noms et leurs personnes ont été traînés dans le sang et dans la boue! Voyez Lamartine, son nom est tombé dans l'oubli! Voyez M. Thiers renversé par l'Assemblée nationale qui lui avait voté cette parole avec acclamation.

Mais, sans aller si loin, pourquoi le poète par excellence du XIXe siècle n'a-t-il pas encore sa statue?

Parce que ses adulateurs non contents d'avoir devancé l'heure de son centenaire ont voulu la lui élever prématurément. Et tant qu'ils ne cesseront de le faire, l'histoire ne parlera pas!

Ce ne sera qu'après un silence absolu, qu'elle fouillera dans le plus profond recueillement sa vie, pèsera le fort et le faible, et gravera sur l'airain :

« Victor Hugo a bien mérité de la patrie!

Crions donc Vive la France! Vive la République! mais jamais : « Vive tel ou tel. »

La seule et véritable preuve d'estime et de considération que nous devons donner à un homme, est de nous découvrir devant lui : Salut fraternel et muet qui loin d'effrayer quiconque, attire et impose le respect de tous pour celui auquel il s'adresse.

CHAPITRE II

ÉCONOMIE POLITIQUE

Principes fondamentaux

Posons, tout d'abord, pour base les principes fondamentaux et immuables de toute démocratie :

Qu'en politique générale, lorsqu'on est amené à venir en aide à un ou plusieurs des intérêts particuliers composant l'ensemble des intérêts généraux, il ne faut jamais le faire au détriment des autres;

Que toute science en dehors de cet axiome : deux et deux font quatre, est absurde;

Que pour résoudre un problème quelconque, il faut réunir toutes les quantités connues qui s'y rapportent, les ordonner, rechercher les divers rapports existant entre chacune d'elle et l'inconnu; et de ces rapports en tirer la valeur de ce dernier.

Qu'enfin, point de loi dont la pratique soit possible sans une disposition préalable des mœurs à l'observer.

Ces principes posés, comme l'on peut dire avec

plus de vérité de la politique, ce que quelqu'un a dit de la vertu : « Que sans argent elle est inutile », et que d'autre part « L'argent économisé est le premier gagné ! »

Nous commencerons par rechercher le moyen d'arriver à réduire le personnel administratif au moyen de concours ouverts entre tous les employés de chaque administration publique dans le but d'en simplifier les rouages, en prenant pour base de rémunération, la participation aux bénéfices résultant des simplifications qu'ils apporteront dans les services.

Nous aborderons ensuite la question des impôts en en prenant un :

L'IMPOT FONCIER

Lequel reposant sur le cadastre, qui de l'aveu de tous, est défectueux, nous en réclamons la réfection à la charge des propriétaires.

Cette réfection incombant d'une part :

Au Ministère de l'Intérieur pour le travail matériel ;

Et d'autre part :

Au Ministère de la Justice pour son exécution ; De ce fait :

Nous aurons relié ces deux Ministères à celui des Finances, et laissant un instant celui de l'Intérieur, nous nous occuperons des réformes réclamées au point de vue de la magistrature et de la législature.

Mais avant, nous recherclerons si parmi les contributions que ce Ministère prélève sur les affaires litigieuses, il n'y en a pas une qui puisse nous servir de base pour établir une nouvelle assiette des impôts.

En dernier lieu, nous chercherons la cause du nombre toujours croissant des affaires litigieuses, laquelle se trouvant dans la parfaite ignorance des lois nous conduit à relier, à ce Ministère celui de l'Instruction publique.

L'enfant instruit devenu homme, son premier devoir est de servir la patrie ce qui mène à joindre les Ministères de la Guerre et de la Marine aux précédents et à examiner les réformes à y apporter.

Après avoir payé l'impôt du sang, l'homme a droit d'entrer dans la Société, et le devoir d'y conquérir une place, et nous arriverons à relier successivement aux Ministères qui précèdent: l'Agriculture et le Commerce, les Travaux publics, les Beaux-Arts, les Cultes, qu'enfin nous relierons à celui de l'Intérieur, dans lequel nous étudierons particulièrement l'Assistance publique, la Crise économique, les Syndicats et Associations.

Cette chaîne gouvernementale établie, il ne restera plus à nos gouvernants qu'à marcher hardiment, à pleines voiles vers ce but auquel nous aspirons tous :

L'organisation de la meilleure des Républiques.

DES FINANCES

Depuis nombre d'années, le budget des dépenses augmente, tandis que celui des recettes diminue.

Or, toutes les fois qu'un pareil état de choses se produit, il relève d'une loi naturelle qui est énoncée et démontrée dans tous les cours de physique les plus élémentaires et qui porte le nom de celui qui l'a découverte « Galilée ».

En effet, il advient à nos gouvernants ce qu'il arrive à tout individu auquel la fortune tombe des nues et qui n'a pas entre les mains ces trois forces :

L'ordre, l'économie et le travail.

Forces absolument nécessaires pour faire équilibre à la chute de cette fortune dont le poids augmente en rapport direct du carré de la distance qu'elle parcourt pour arriver jusqu'à lui. Il en résulte qu'elle lui glisse entre les doigts et alors, il lui arrive qu'après avoir tout dissipé à tort et à travers, il se demande comment il se fait qu'il n'a plus rien et qu'il n'a rien fait de ce qu'il s'était promis de faire. Il en est de même de nos gouvernants; chaque année, ils reçoivent l'argent des contribuables, des octrois, des ventes judiciaires, etc.; si ces derniers viennent à produire un surcroît de recettes inattendu, vite, ils ne comptent pas avec la dette publique, ils cèdent à la loi de l'entraînement, entreprennent une chose nouvelle qui, faite avec précipitation, les conduit à des dépenses supérieures à celles prévues et la dette augmente. Et, si l'année suivante, après avoir établi le budget sur un rendement qu'ils supposent devoir être toujours supérieur aux précédents, contrairement à leur prévision, pour une cause quelconque, les recettes diminuent, ils se trouvent acculés et ont recours à l'emprunt.

Ici, une distinction est nécessaire, car il importe de bien séparer deux objets fort dissemblables et que l'on confond toujours : la fortune et le capital.

Il existe entre ces deux objets la même différence qui existe entre leurs genres. La fortune est du genre féminin, et comme ce sexe elle se donne; mais de plus, elle est une maîtresse jalouse qui n'en admet aucune autre à ses côtés, et à laquelle il faut tout sacrifier : Amour! honneur! patrie!!!

Tout autre est le capital; du genre masculin, il ne se donne pas, il faut l'acquérir;

Comment? Par le travail, l'ordre et l'économie!

Dans le cas où la fortune tombe entre bonne main, elle se transforme en capital; enfin, dans le cas où le capital n'est plus exploité par celui qui le possède il redevient fortune.

Cela dit et posé, revenons aux défauts des impôts et cherchons à qui incombe la première faute. Nous trouverons qu'elle appartient aux contribuables.

En effet, la loi exige d'eux qu'ils payent leurs impôts par douzième; or, la majeure partie d'entre eux s'empressent de la payer d'une façon irrégulière.

Qu'en résulte-t-il?

Que les receveurs versent au Trésor, chaque mois, des sommes supérieures à celles dues régulièrement, et celui-ci leur paie des intérêts pour ces avances. Ces intérêts se chiffrent chaque année par des millions qui sont une perte réelle pour le Trésor, c'est-à-dire pour la fortune publique.

Que les contribuables se pénètrent donc bien de ce principe « qu'il ne faut jamais faire à autrui plus de bien que celui-ci n'en demande; » et qu'ils ne versent chaque mois, entre les mains des receveurs que le douzième de leurs impôts. Cette exactitude équivaudra...... Que disons-nous? Dépassera le refus de l'impôt, parce qu'elle sera légale. Il en résultera que le gouvernement, forcé de compter avec eux, sera contraint de compter avec lui-même, ce qui le conduira à être économe.

Entrons actuellement dans le vif de la question financière.

RÉDUCTION DU PERSONNEL ADMINISTRATIF

L'argent que l'on ne débourse pas, étant le premier gagné, cherchons donc tout d'abord à en économiser. Tout le monde est unanime à reconnaître la nécessité absolue de réduire les sommes affectées au personnel des administrations publiques. Si nous nous reportons à la proposition déposée sur le bureau de la Chambre des députés par l'un d'eux, M. Charles Bauquier. Nous y lisons :

« Déjà il y a cinquante-sept ans, au lendemain de la révolution de 1830, un député, M. Dumaillet, s'exprimait ainsi :

« Le premier besoin du pays, c'est la destruction de la superfétation qui nous ruine ; c'est la réforme à introduire dans une administration si compliquée de tant d'écritures dispendieuses et inutiles, qui peut amener cette économie que nous invoquons tous avec tant de raison. »

« Une réforme large et bien conçue est réclamée impérieusement, elle peut faire cesser cette soif de places, triste et fâcheux caractère de notre époque, et arracher à notre cupidité désordonnée ce Trésor public qui ne s'alimente que des sueurs et souvent des larmes de ceux qui sont destinés à le remplir.

« Sans remonter dans le détail de toutes les augmentations, qui sous tous les régimes antérieurs, marquèrent presque chaque année les progrès de la bureaucratie, voyons ce qui s'est passé de notre temps. »

« En 1880, on signalait ce fait, que les traitements des fonctionnaires civils soumis à la retenue de 5 0[0 dépassaient de 54,237,000 francs les traitements inscrits au budget de 1871, En 1881, l'augmentation a été de 6,440,000 francs; en 1882, de 17,200,000 francs; en 1883, de 9,380,000 francs; en 1884, de 13,260,000 francs. Ce qui fait en treize années un accroissement de cent millions.

Que faire pour remédier à un tel état de choses? Trois actes distincts.

Premièrement. Mettre tout d'abord un arrêt à ce flot toujours croissant, à « cette soif de places » que nous appellerons la rage de la bureaucratie.

Pour cela, que le Gouvernement fasse publier et afficher à tous les coins de rue qu'à partir de ce jour, il ne sera admis aucun employé dans aucune administration publique d'ici cinq ans.

Deuxièmement. Ouvrir des concours entre tous les employés de chaque administration, lesquels auraient pour but :

1° D'exposer les rouages administratifs actuels;

2° De rechercher leur simplification;

3° De rechercher un nouveau mode de rémunération des employés plus équitable; en se basant sur leur participation aux économies qu'ils apporteront à l'État.

Dans ces concours, en dehors des primes en argent, il serait donné aux lauréats des emplois en rapport avec les aptitudes dont ils auraient fait preuve dans leurs projets;

Troisièmement. Ces concours clos, procéder à l'application des moyens reconnus les meilleurs, ainsi qu'à la réduction du personnel actuel en commençant par ceux ayant soixante ans d'âge et trente années de service.

A l'égard de cette décision, de ne plus admettre de nouveaux employés, il est de toute évidence qu'une telle résolution de la part du Gouvernement, ne porterait préjudice à personne, les nouveaux employés étant tous des jeunes gens auxquels, par conséquent, il est facile de faire changer le fusil d'épaule.

A l'égard de ces concours, qui réveillent et surexcitent en nous l'émulation (ce sentiment qui consiste à égaler les autres et conduit à les surpasser, et qui est bien la faculté qu'il faut sans cesse développer en nous) de ces concours, disons-nous, il résulterait pour l'administration :

De connaître foncièrement son fonctionnement, ce que jusqu'à ce jour, tous les ministres et *a fortiori* les députés et sénateurs ignorent complètement.

D'avoir des milliers de projets parmi lesquels elle n'aura qu'à choisir.

Enfin, chose mille fois plus utile, de connaître la valeur intrinsèque et les aptitudes de chaque concurrent (1).

Un employé attaché à un service qui lui plaît, qui lui est agréable, où son intelligence trouve

---

(1) Un fait pris dans une autre administration nous fera mieux comprendre.

Lors de la prolongation d'un chemin de fer de banlieue, un ancien employé aux travaux d'une ligne de beaucoup d'importance, étant sans occupation, alla trouver l'ingénieur chargé de l'exécution de ce prolongement pour lui offrir ses services. Il fut reçu par le chef de bureau, qui lui exprima ses regrets de ne pouvoir lui être utile, la Compagnie ayant sous la main tout le personnel qui lui était nécessaire. Il allait se retirer, lorsque ce chef de bureau, auquel sans doute sa physionomie avait plu, lui dit : « Connaissez-vous le contentieux? »

A cette demande inattendue, au sujet d'une chose qu'il ne connaissait que superficiellement, il répondit : Non.

Je le regrette, lui dit le chef de bureau, je vous eus adressé au chef de ce service.

Le lendemain, ce solliciteur va voir un de ses amis et lui raconte le résultat de sa démarche de la veille. Comment!

sa nourriture naturelle, rend mille fois plus de services qu'un autre, et se fatigue mille fois moins.

D'autre part, nous sommes couvaincus que si nos gouvernants mettent tant d'opposition à la réduction du personnel, c'est qu'ils se demandent comment ils feront à l'égard de ceux qu'ils devront remercier et qui viendront frapper à leur porte.

Que cela ne les effraye pas, ils n'auront qu'à agir comme l'on fit sous le premier Empire.

---

lui dit celui-ci, tu as été assez simple pour répondre non! mais avec la connaissance sommaire que tu as, en deux heures de temps je vais te l'apprendre! et séance tenante il lui donne la clef du travail, puis lui dit :

Retourne auprès de ce chef de bureau et obtiens qu'il t'adresse à son collègue du contentieux, ce qu'il fit.

Le chef de bureau lui répondit :

« Sans vouloir douter, Monsieur, un seul instant de votre intelligence, je ne puis croire qu'en quarante-huit heures, vous ayez appris le contentieux; quand, sur *cent* employés qui y sont attachés nous n'en avons pas *un seul capable* !

Nous demandons pardon à nos lecteurs d'avoir été si long à raconter ce fait, mais nous voulions en arriver à cette conclusion : « Sur cent employés, nous n'en avons pas *un* de capable ».

Eh bien! il en est de même dans les administrations du Gouvernement. On demande dans un ministère des employés, on leur fait subir des examens généraux; puis on les attache sans discernement à tel ou tel service, sans s'assurer tout d'abord de leur goût, de leur aptitude.

Au retour de la campagne d'Egypte, Napoléon, à l'inverse d'un général moderne (et ici nous laissons nos lecteurs apprécier lequel des deux donna le plus de preuve de génie), ordonna que l'armée ne porterait plus de cheveux ni de barbe et en donna lui-même l'exemple. Comme toujours, quand un exemple vient de haut il devient une mode, et tout le monde se coiffa à la mal-content. Les perruquiers de l'époque en éprouvèrent le contre-coup et allèrent en haut lieu exposer leur doléance.

Que fit-on?

On les employa tous suivant leurs plus ou moins de connaissances mathématiques à l'établissement des célèbres Tables de logarithmes de Lalande, et par ce fait tous se trouvèrent à l'abri de la misère.

Eh bien! nos Gouvernants en feront autant, et pour leur éviter de chercher trop longtemps, désireux de voir nos *desiderata* réalisés dans le plus bref délai, nous leur offrons un nouveau moyen; les tables de logarithmes étant depuis longtemps établies, revues et corrigées.

A l'heure actuelle, un grand nombre, pour ne pas dire la majeure partie des employés, ont entre les mains leur diplôme d'avocat. Or, tous les programmes politiques, à partir du rose le plus tendre jusqu'au rouge lie de vin, renferment cet article; « Révision des Codes ».

Si nous cherchons en quoi peut consister cette révision, nous constatons que ces codes ont été établis il y a un siècle environ, et que depuis, par suite de fluctuations continuelles, il est venu s'y ajouter une quantité innombrable d'arrêts de Cour d'Appel et de Cassation qui ont force de loi, ainsi que des modifications et abrogations par les Chambres législatives qui, tous, ont été ajoutés sans classement, au jour le jour, à la suite des dits codes. Cette révision à faire n'est donc en réalité qu'un classement des dits arrêts et l'annulation de lois modifiées par ceux-ci. Or, cette œuvre de recherche et de patience est toute administrative. Que le Gouvernement en prenne donc l'initiative, en chargeant ces jeunes avocats de cette œuvre; il leur procurera ainsi du travail pour un certain espace de temps, travail qui complètera leur instruction judiciaire et comme l'on dit vulgairement « d'une pierre il fera cinq coups ».

1° Il répondra aux desiderata du peuple;

2° Il allègera les charges administratives.

3° Il procurera à ces jeunes gens un travail en rapport direct avec leurs études;

4° Il se créera une pépinière d'hommes érudits

sur la matière, par conséquent aptes à faire de véritables magistrats;

5° Enfin il pourra satisfaire un second *desideratum* « magistrature élective ».

Et il justifiera qu'un bonheur n'arrive jamais seul.

Qu'on ouvre donc au plus tôt des concours entre tous les fonctionnaires et employés de chaque administration, en prenant pour base de rémunération la participation aux bénéfices résultant des économies qu'ils apporteront dans leurs projets. Nous affirmons, qu'avant un an d'ici cette métamorphose sera réalisée, et qu'avant quinze ans la dette publique sera éteinte.

Nous savons que l'on nous répondra qu'on a déjà demandé à divers fonctionnaires de rechercher les moyens de réduire le personnel et que l'on n'en a obtenu aucun résultat. Cela s'explique par ce fait que l'on s'est adressé à de hauts fonctionnaires, qui ne peuvent se résoudre à réduire un personnel qui, pour eux, est un apanage au centre duquel ils vivent, et dont à aucun prix ils ne sauraient se passer. Mais adressez-vous à tous, en leur disant :

« Quiconque ne concourra pas sera considéré comme incapable et licencié sur le champ. » Alors vous n'aurez plus d'employés tremblant d'être renvoyés s'ils se permettent d'émettre leur avis lorsqu'on le leur demande, répondant ainsi que nous en avons la preuve entre les mains : « Nous ne pouvons écrire ni nous prononcer et surtout signer l'avis que nous pourrions émettre, vous ne vous doutez pas des risques que nous aurions à courir. »

DES RÉFORMES EN GÉNÉRAL

Des députés, à la suite du message de M. Carnot, lors de son avènement à la Présidence de la République, et de la déclaration ministérielle, réclamaient des réformes partielles, telles que celle des impôts, la séparation de l'Église et de l'État ainsi que deux ou trois autres.

Ces députés sont dans l'erreur ; dans un moment de crise tout est crise, tout souffre et toutes les réformes doivent marcher de front. Autrement, celles partielles admises et votées ne sont qu'un leurre et portent préjudice à tous.

Il en adviendrait ce qui est advenu lorsque les Chambres, dans le but de venir au secours de l'Agriculture ont voté la surtaxe sur les blés et le sucre. Ces surtaxes n'ont profité qu'à quelques gros spéculateurs et ont porté un préjudice au Trésor et à tous.

D'autre part, lorsque l'on introduit, dans une loi, un article nouveau en remplacement d'un autre; on arrive à un résultat semblable à celui que l'on obtiendrait, en prenant un ouvrage d'un écrivain quelconque, Paul de Kock par exemple, auquel on arracherait un feuillet, que l'on remplacerait par un autre de Victor Hugo; il est évident que les deux œuvres seraient perdues.

De même, les impôts réunis forment une œuvre complète (bonne ou mauvaise qu'importe). Si dans cette œuvre, on y introduit à brûle-pourpoint, sans transaction, l'impôt sur le revenu, quelque équitable que soit ce dernier, vous détruisez toute l'œuvre.

A nos yeux, il faut entrer à pleines voiles dans la voie d'une réforme universelle. C'est ce que nous allons essayer de faire en commençant par celle des impôts.

RÉVISION DU CADASTRE

A tout gouvernement il faut de l'argent. Comment s'en procure-t-il?

Par les impôts.

Or, ceux-ci, tels qu'ils sont établis et perçus jusqu'à ce jour ne produisent plus les ressources nécessaires à équilibrer le budget. Il faut donc non seulement les réformer, les transformer, mais bien les métamorphoser.

Pour cela, commençons par en prendre un, celui qui frappe tout d'abord nos yeux, l'impôt sur le sol sur lequel nous reposons : l'impôt foncier.

Cet impôt se prélève sur les données fournies par le cadastre, lequel, de l'aveu de tous est défectueux.

Cherchons, d'abord, pourquoi ce cadastre qui ne date que d'un demi-siècle est défectueux.

Il l'est pour deux causes.

La première, parce qu'il a été établi d'une façon incomplète.

La seconde, parce qu'une fois établi il a été abandonné à vau-l'eau, c'est-à-dire que l'on se s'est pas occupé de le tenir constamment au courant des fluctuations continuelles de la propriété.

Pourquoi est-il incomplet?

Parce qu'il ne peut, à l'égard notamment de la propriété bâtie, consister en une simple configuration de chaque propriété.

Il faut entrer dans ce que nous appellerons le sentiment même de la propriété; et pour cela, il faut en étudier le contrat de vente.

Or, que l'on prenne tous les contrats, depuis le jour de la formation des communes, jusqu'à celui fait aujourd'hui, on y trouve à l'article:

Droits et Servitudes.

« L'acquéreur jouira des servitudes actives et souffrira les servitudes passives, occultes, apparentes, déclarées ou non, sauf à faire valoir les unes et à se défendre des autres à ses *risques*, *périls* et *fortune*, sans aucun recours, contre le vendeur, sans pouvoir en aucun cas, l'appeler en garantie.

Voilà le mal.

Quiconque achète aujourd'hui une propriété court le risque d'acheter un nid à procès.

Nous avons dit en commençant que pour résoudre un problème quelconque, il fallait s'appuyer sur des données existantes; cherchons donc, si, à cette règle sous aucune exception, il n'y a pas un fait qui puisse nous venir en aide pour y obvier.

Or, il en existe un.

Tous les jours la Ville de Paris dans un but d'hygiène, de salubrité, et pour procurer au commerce et à l'industrie, à tous en un mot, de plus grandes facilités de circulation et de développement, achète des propriétés pour élargir ou créer des voies nouvelles et revend ensuite le surplus de ce qui lui est utile.

Quand elle achète ces propriétés, cet article concernant les droits et servitudes est inscrit dans les contrats d'acquisition; quand elle revend, il est également porté dans ceux de vente. Mais de fait, ces parcelles qu'elle revend, sont vierges de servitudes puisque le terrain est nu; de plus, elle exige des acquéreurs qu'ils aient à lui fournir les plans, coupes et élévations des constructions qu'ils voudront y élever; et cela, non seulement dans le but de la sécurité et de l'hygiène publiques, mais encore, pour s'assurer que ces propriétaires ne créent aucune servitude sur les propriétés riveraines.

Voilà le remède.

Nous avons dit que la seconde cause pour laquelle le cadastre actuel est défectueux était que l'on ne s'était pas occupé de le tenir constamment au courant des fluctuations continuelles de la propriété.

Que doit donc faire l'administration pour y remédier?

Signifier à tous les propriétaires d'avoir à lui fournir le plan des modifications ou mutations qu'il aura fait subir à sa propriété.

De là, il ne reste plus qu'à rédiger un projet de

loi remédiant aux fautes commises antérieurement.

En voici un que nous soumettons à nos législateurs.

Considérant :

Que le rétablissement du cadastre s'impose par la nécessité absolue d'une nouvelle assiette de l'impôt foncier ;

Qu'il importe, par les intérêts qui s'y rattachent que ce travail soit exécuté dans le plus bref délai

Que les propriétaires y trouveront les premiers leurs propres intérêts.

Article premier. — A partir du jour de la promulgation de la présente loi, aucune propriété ne pourra être vendue ou cédée à quiconque, avan que le vendeur n'ait fourni, en triple expédition les plans, coupes et élévations de la dite propriété

L'une de ces expéditions sera remise par les soins des notaires ou avoués, en cas de vente judiciaire au secrétariat de la mairie de la commune où es située la propriété pour être reportée au cadastre Les deux autres seront annexés, l'une à la minute de vente, l'autre à l'expédition du contrat devan être remise à l'acquéreur.

La présente loi est applicable aux propriétés qui

quoique n'étant pas vendues, devront subir toute reconstruction ou modification quelconque.

Art. 2. — Tout propriétaire, dans le délai de cinq ans, à partir de la promulgation de la présente loi, devra, quand bien même il ne vendrait ou il ne modifierait pas son immeuble, fournir les plans et détails indiqués en l'article premier.

Art. 3. — A l'avenir, chaque fois qu'une modification quelconque sera apportée à une propriété, le propriétaire devra en faire la déclaration au secrétariat de la mairie,en y joignant les plans et détails qui seront annexés au cadastre.

Art. 4. — Toute infraction à la présente loi sera punie d'une amende de un à cinq cents francs et en cas de récidive, d'un emprisonnement de quinze jours à trois mois.

Art. 5. — Au cas où des servitudes passives, occultes, apparentes, déclarées ou non, nécessiteraient à un propriétaire de faire appel à ses riverains, le Juge de Paix du canton ou le Président du tribunal de première instance sont déclarés compétents.

Art. 6. — Les litiges concernant les chemins et sentiers inutiles seront jugés souverainement par un jury nommé par les intéressés, composé de neuf membres, lequel sera institué dans chaque canton et présidé par le Juge de Paix.

Un procès-verbal des opérations cadastrales sera dressé, donnant à la propriété une origine certaine.

Art. 7. — Les honoraires des géomètres et architectes chargés de dresser les plans et détails énoncés ci-dessus, en triple expédition sont fixés ainsi qu'il suit :

Les plans géodésiques seront payés aux géomètres à raison de quinze centimes de l'are. Les plans et détails des propriétés bâties seront payés aux architectes à raison de vingt-cinq centimes du mètre superficiel.

Art. 8. — Messieurs les Ministres de l'Intérieur et de la Justice sont chargés, chacun dans leurs attributions, de l'exécution de la présente loi (1).

CONSÉQUENCES

Voyons les conséquences immédiates qui résulteront de l'application de la présente loi.

La propriété entrant pour une large part dans la masse des procès, on arrive à l'allègement du nom-

---

(1) Les articles 3, 6 et 8 sont mis dans le but qu'à l'avenir, le cadastre soit constamment au courant des fluctuations continuelles de la propriété.

bre des affaires litigieuses et par suite des tribunaux.

De plus, la propriété garantie par ce fait de procès futurs, éprouvera elle-même un allègement considérable car les frais de ceux-ci sont un capital que le propriétaire ajoute au prix de son acquisition et par suite il augmente ses loyers.

Actuellement, recherchons le moyen d'arriver dès la promulgation de la loi, non seulement à sa prompte exécution, mais encore, à en tirer tout le parti possible, pendant le cours de son exécution.

Par suite de l'article 8, Messieurs les Ministres de l'Intérieur et de la Justice étant chargés de la mise à exécution de la loi, laissons le premier s'occuper de l'œuvre matérielle et voyons ce que devra faire le second. Et en passant, constatons que par ce fait nous relions entre eux trois ministères :

Celui des Finances avec celui de l'Intérieur et celui de la Justice auxquels nous relierons successivement tous les autres ; ce qui n'a pas lieu en ce moment où chaque ministère, au contraire est complètement indépendant des autres, non seulement pour l'emploi des crédits qui lui sont alloués par le Parlement, mais encore pour le mode d'établissement de la comptabilité de son département.

Mais avant d'entrer dans l'examen des conséquences devant résulter de cette mise en pratique de la loi, au point de vue de la justice, puisque nous nous occupons tout d'abord des impôts, cherchons si le Ministre de la Justice ne prélève pas d'impôts, ou de contributions quelconques qui dussent être transformés et qui puissent en même temps nous procurer le moyen d'arriver naturellement à celui de l'impôt foncier.

DE L'IMPOT PROGRESSIF

En 1884, le journal *Le Devoir* empruntait, à une statistique publiée par l'administration des Finances, celle ci-après des ventes par autorité de justice effectuées en 1882.

Importance des ventes judiciaires Prix d'adjudication	Nombre total des Ventes	Montant moyen des Ventes		Moyenne des frais par 100 fr. du prix, non compr. remises aux avoués
		des prix d'adjudication	des frais	
500 et moins.	1.307	286	353.00	123 29 0/0
501 à 1.000..	1.814	764	388.00	50 76 0/0
1.001 à 2.000..	3 326	1.480	416.00	28 00 0/0
2.001 à 5.000..	6.479	3.390	477.00	14 98 0/0
5.001 à 10 000.	4.768	7.112	564.00	7 92 0/0
Plus de 10.000.	6.608	43.602	979 00	2 29 0/0

« De ces chiffres, il ressort que sous l'égide des lois protectrices de la propriété privée, mille trois cent sept individus non seulement voient la totalité de leurs épargnes absorbées par les frais de justice, mais encore restent débiteurs de l'État pour une somme qui égale 23 fr. 29 pour cent du capital absorbé. Et, que la loi devient graduellement moins rigoureuse à mesure qu'elle s'applique à des ventes plus élevées, c'est-à-dire à des capitalistes moins besoigneux.

« Dans le premier cas, la moyenne des frais par cent francs est de 123 fr. 29. Dans le deuxième elle n'est plus que de 50 fr. 76. Dans le troisième cas, sa proportion tombe à 28 fr. 15. Arrivons aux grosses fortunes, le droit n'est plus que de 2 fr. 29. Cela s'appelle de l'impôt progressif géométrique à rebours.

On ne saurait trop le répéter, cet état de choses, est un scandale. Un régime qui exige, pour un capital de 286 francs, 353 francs de frais tandis que pour un capital de 43,602 francs il n'en réclame que 972 francs, est un régime jugé. Il constitue une iniquité monstreuse.

Complétons l'œuvre inachevée du journal *Le Devoir* car, disons-le bien haut à toute la Presse, son tort est celui-ci :

Un fait blâmable a lieu, elle s'empresse de le signaler, elle a raison ; mais elle ne fait que la moitié de son devoir. Elle doit, le fait énoncé, indiquer le remède. En effet, en ne faisant que de l'énoncer, elle nous excite les uns contre les autres, de là d'abord, des répliques aigres-douces, puis on arrive successivement à des écrits grossiers, puis à employer un langage digne des bouches d'égout, et on l'accompagne enfin de dessins orduriers qui sont la honte de l'art français. Tant dis que si, le fait établi, la Presse recherchait les moyens d'y remédier, tout le monde ne s'occuperait que d'en faire l'application et elle arriverait, par ce fait, à éteindre cet état de surexcitation dans lequel nous nous trouvons actuellement.

Cherchons donc dans ce qui existe la cause de ce mal, et pour cela, entrons dans les détails des frais de justice.

Supposons que nous devions à quiconque, la somme de dix francs et que nous ne puissions la payer ; notre créancier nous poursuit et pour cela s'adresse à un huissier.

Celui-ci nous fait sommation d'avoir à payer ; et pour cette sommation il prend tout d'abord une feuille de papier timbré de soixante centimes.

Que sont ces soixante centimes comparativement à la somme due de dix francs ? Six pour cent du capital dû, perçu par l'Etat.

Mais, si au lieu de dix francs nous en devons mille ?

L'huissier prend la même feuille de papier de soixante centimes. Que sont cette fois ces soixante centimes comparativement au capital de mille francs ? Six millièmes pour cent de ce capital dû. Un intérêt cent fois moindre !

C'est-à-dire que l'immuabilité de la taxe détermine la progression géométrique à rebours, si pernicieuse aux intérêts des plus besoigneux.

Cherchons actuellement dans la loi relative aux contributions s'il n'y a pas un article qui puisse nous venir en aide.

Or, la loi du 5 juin 1850 dit : art. 37 :

« Les sociétés, compagnies d'assurances et tous autres assureurs contre l'incendie et contre la grêle pourront s'affranchir des obligations imposées par l'article 33 en contractant avec l'État un abonnement annuel à raison de deux centimes par mille francs du total des sommes assurées, d'après les polices ou contrats en cours d'exécution. »

Le taux d'abonnement annuel ci-dessus relaté a été porté à 3 centimes par la loi du 2 juillet 1882 art. 18.

Il est aujourd'hui de quatre centimes.

Cette dérogation à l'article 33, est un privilége accordé aux sociétés ou compagnies d'assurances. Or, puisque nous réclamons l'abolition de tous les privilèges, que nos législateurs abrogent les diverses lois sur le timbre et les remplacent par une loi nouvelle rendant le timbre progressif arithmétique, obligatoire pour tous.

Et constatons de suite les résultats matériels et incommensurables dont l'Etat bénéficierait immédiatement.

Un répertoire sera exigé de tous les contribuables. Donc sans fouiller le fond de la fortune de chacun d'eux, ces répertoires donneront de suite avec une parfaite exactitude le chiffre d'affaires de chacun, lequel formera donc la base certaine de la répartition des autres impôts.

Une ligue dite des Petits commerçants contre les grands magasins s'est formée et compte aujourd'hui soixante mille adhérents et espère avant peu réaliser le nombre significatif de cent mille. Eh bien ce remplacement du timbre progressif ou timbre fixe, leur donnera complètement satisfaction du moins à l'égard de ce que peut humainement faire l'État pour eux tout en respectant la liberté du commerce. En effet, que Messieurs les ligueurs sachent bien qu'en cette circonstance ils voient, eux aussi, une paille dans l'œil de leurs voisins, mais qu'il ne veulent pas voir, la ou les poutres, qui existent dans leurs yeux. Cette nouvelle forme d'application de la contribution du timbre, tout en allégeant d'une manière très sensible leurs charges, ne remédiera pas au vice originel de l'organisation actuelle du commerce, laquelle ne dépend que d'eux seuls, ainsi que nous le démontrerons plus loin lorsque nous arriverons à traiter avec toute l'ampleur qu'elle exige la question qui a pour nom le : *Paupérisme.*

Nous n'ignorons pas que ce mot progressif fait trembler, surtout lorsqu'on se remémore la récompense demandée par l'inventeur des jeux d'échecs ; un grain de blé dans la première case, deux dans la seconde, quatre dans la troisième, etc., et que lorsque l'on arriverait à la soixante-quatrième case, le globe entier n'eut pas suffit à la remplir. Si bien que si c'était ce genre de progression qui soit appliqué à rebours, en ce moment, nous nous récririons sur son application en sens inverse, car il arriverait à ce résultat, aussi désastreux, que le débiteur perdrait également son capital, mais de plus serait redevable envers l'Etat d'une somme égale à 23 fr. 29 c. pour cent de ce capital absorbé.

L'Impôt progressif arithmétique est tout autre. Enfin, cet impôt s'appliquant à tout, la raison de cette progression peut être réduite au fur et à mesure du retablissement de l'équilibre de l'assiette des impôts, jusqu'à l'infiniment petit.

L'on peut d'ailleurs facilement s'en rendre compte en comparant des polices d'assurance ne payant qu'un droit fixe une fois donné, avec d'autres payant le droit proportionnel et annuel par le tableau suivant :

Assurance payant un droit fixe pour 10 ans.		Assurance par abonnement pour 10 ans.	
Indication du capital.	Coût du timbre pour 10 ans.	Indication du capital.	Coût du timbre pour 10 ans.
Pour un capital de 1,000 francs : 2 feuilles à 0,60 c.	1 fr. 20	Pour un capital de 1,000 fr. à 0,04 c. % par an........	0 fr. 40
Pour un capital de 100,000,000 fr: 50 feuilles à 2 fr. 40 c............	120 fr. 00	100,000,000 fr. à 0,04 c. % par an	4,000 fr.
		pour 10 ans.....	40,000 fr.

Les chiffres ont parfois de l'éloquence ; ceux ci-dessus ne démontrent-ils pas d'une manière palpable, saisissante, le résultat incommensurable d'une telle contribution, et que si, comme nous le disons en commençant, nos gouvernants avaient entre leurs mains, ces trois forces :

L'ordre, l'économie et le travail,

A opposer au poids de cette fortune, tombant en leurs mains, cette contribution eût suffi à elle seule, depuis trente-neuf ans, pour non seulement équilibrer les budgets, mais encore abolir les octrois, l'impôt sur les allumettes et tant d'autres aussi peu productifs que vexatoires et accablants pour les classes laborieuses.

Pour en finir sur les impôts nous concluons à leur peréquation en appliquant à tous et en particulier à l'impôt foncier la progression arithmétique.

1° par rapport à la surface du terrain;

2° par rapport aux diverses qualités des terres.

Revenons au cadastre, et voyons ce qui incombe au Ministre de la Justice et les réformes naturelles qui amèneront directement la mise en exécution du projet de loi énoncé ci-dessus.

CHAPITRE III

RÉFORMES ADMINISTRATIVES

Justice.

Le Ministre de la Justice, doit ordonner la mise en exécution de la loi sur le cadastre.

Il devra signifier aux notaires, ainsi qu'aux présidents des tribunaux d'avoir à ne procéder à aucune vente d'immeubles que les vendeurs n'eussent fourni les pièces relatées dans la dite loi.

A l'égard des notaires, aucune difficulté ne peut surgir.

Toutefois, notons en passant que l'organisation du notariat en France diffère essentiellement de celle de l'Algérie, ces deux organisations sont mauvaises. Dans la première, l'étude se vend, ce qui est un privilège accordé à la fortune ; dans la seconde elle est accordée à la faveur, autre privilège aussi détestable que le premier.

Voyons ce qu'il adviendra à la suite de l'ordre donné aux présidents des Tribunaux.

A chaque vente judiciaire, le tribunal ordonnera qu'avant la vente,le cadastre des propriétés à vendre judiciairement soit dressé par des experts désignés par lui.

Or, comment ces experts sont-ils désignés?

A la faveur !

Comment y remédier ? — Par des concours.

Que Monsieur le Ministre de la Justice demande à son collègue des Beaux-Arts de mettre à sa disposition les loges du quai Malaquais.

Quant aux sujets de concours, les procès qui surgissent chaque jour, depuis un temps immémorial en procureront assez pour que l'on n'ait qu'à se baisser et en prendre. Alors, chaque concurrent, renfermé dans sa loge, devra rédiger un rapport sur les litiges proposés ; et, non seulement,ces concours procureront des experts de mérite et de talent, mais de plus, ils amèneront la suppression immédiate des greffiers du bâtiment, lesquels sont la plaie des procès, car il n'ont été institués que pour suppléer à l'ignorance des experts pour la rédaction de leurs rapports.

En effet, les greffiers dont la véritable mission ne devrait être que celle de « tabellion », c'est-à-dire de n'avoir qu'à transcrire les dires et actes des parties, prennent aujourd'hui le lieu et la place des experts, et en profitent pour rendre service à qui leur plaît, et non justice à qui de droit. Autrefois à la suite de chaque réunion des parties devant les experts, ceux-ci rédigeaient de leur rapport, tout ce qui avait trait à l'exposé des faits et dires des parties, et à la réunion suivante le leur faisaient signer; puis alors, poursuivant leurs opérations; celles-ci terminées, ils exprimaient leur avis.

Devant de tels rapports, les tribunaux ayant sous les yeux les faits établis, reconnus exacts et signés des parties, pouvaient en déduire un jugement équitable.

Aujourd'hui, il n'en est plus de même, le greffier ou, le plus souvent, un de ses employés subalternes, assiste l'expert, prend quelques notes succinctes à chaque réunion et alors, brode la plupart du temps et de souvenir l'exposé de certains faits, en omet intentionnellement d'autres, pour ne pas nuire à telle partie, puis enfin, émet un avis, de là, des faits déplorables :

Aucune transaction équitable ;

Jugement injuste ; appel.

Enfin, pour en terminer avec MM. les experts, il est de toute nécessité d'établir une autre base pour la rémunération de leurs honoraires ; car, c'est regrettable à dire, mais ces Messieurs font un abus déplorable des vacations.

Si, actuellement, nous entrons dans l'organisation des Tribunaux, nous constatons qu'aujourd'hui le nombre des affaires augmentent, et que les tribunaux s'encombrent.

Tout commande une accélération de plus en plus rapide dans le travail et dans l'expédition des causes, non pas assurément que nous eussions aucune prédilection pour les magistrats qui expédient les affaires pour épuiser les rôles. Tout le monde, y compris le gouvernement, est d'accord pour reconnaître combien cette organisation est défectueuse. Un ancien ministre avait, à ce sujet, présenté un projet de loi élevant le chiffre de la compétence des juges de paix à la somme de quinze cents francs.

Que le Ministre, ainsi que ceux qui ont l'intention de le présenter à nouveau, nous permettent de leur dire, qu'ils n'ont jamais de leur vie mis le pied dans une Justice de Paix de Paris.

Les Juges de Paix à Paris ont deux jours par semaine audiences de conciliation, auxquelles se présentent en moyenne quarante affaires à entendre en quatre heures ; soit six minutes pour chacune d'elles. C'est-à-dire à peine le temps de répondre à l'appel, d'entrer, d'entendre la demande de l'un, la réponse de l'autre et de se retirer. Il en résulte que sur ces quarante affaires, quatre à peine sont conciliées, les autres sont forcées après avoir perdu une première journée, de revenir dans le tribunal de paix en perdre une ou plusieurs autres ainsi que leur argent pour obtenir plus ou moins justice.

Comment y remédier ?

Premièrement en établissant à Paris, ainsi que dans les grands centres, autant de justices de paix qu'il existe de quartiers, et élever alors la compétence jusqu'au chiffre de cinq cents francs. Secondement en créant, dans chaque arrondissement, c'est-à-dire, dans chaque Justice de Paix actuelle des Tribunaux dits de deuxième instance, jugeant les affaires litigieuses de cinq cents à quinze cents francs.

On allègerait ainsi les tribunaux de première instance et les cours d'appel, ce qui amènerait plus de rapidité dans l'expédition des causes et moins de perte de temps pour les intéressés.

D'autre part, aucune affaire quelle que soit son importance, ne pourrait venir devant un quelconque de ces tribunaux, qu'elle n'eût tout d'abord été appelée en conciliation ;

Que les faits et causes de ces litiges soient exposés devant les juges par les parties elles-mêmes ;

Que quiconque le voudra puisse se défendre lui-même.

Enfin à l'égard de la procédure que de lenteur ; que d'argent à sacrifier !

A l'égard des lenteurs, ce n'est pas une réforme mais une véritable transformation à opérer.

Quant à l'argent que nécessite le procès, la statistique que nous avons reproduite en commençant en donne un exemple. Si nous prenons un état de frais quelconque, en dehors de celui du papier timbré que nous avons développé, nous retrouvons encore cette immuabilité comparativement au capital croissant.

Des Avocats.

Un des remèdes les plus propagés dans la masse par les programmes, consiste dans la suppression des avocats et des avoués. A nos yeux, le remède serait pire que le mal, et nous le disons bien haut, nous ne sommes pas de ceux qui, pour flatter la masse ignorante, dans le but de se créer une popularité de mauvais aloi, s'écrient dans les réunions :

« Qu'ils ne veulent plus de ces messieurs qui s'habillent en jupons. »

Nous sommes complètement de l'avis de Me Edmond Picard, le brillant avocat de la Cour de de Bruxelles qui, dans son paradoxe sur l'avocat, s'exprime ainsi :

« Ce qu'on doit chercher avant tout, pour trouver le port au milieu de ces ténèbres, c'est comment la justice doit être servie pour réaliser sa mission. »

« C'est à elle à découvrir et à fixer le vrai ; mais, livrés à eux-mêmes, les juges les plus intelligents sont impuissants à le faire. Pour qu'ils suivent la possession des éléments multiples et compliqués qui lui permettront d'arriver aussi près que possible de sa solution, il faut que la cause subisse, devant eux, une analyse profonde, qu'elle soit fouillée dans tous les sens, que tout ce qu'elle renferme soit mis en relief, que le pour et le contre en soient extraits par une compression puissante, qu'elle soit débattue, secouée, tournée et retournée — en un mot plaidée.

« Dès maintenant, vous pouvez donc entrevoir la mission vraie de l'avocat. Il n'y a pas à se constituer, *a priori*, le juge de la cause, à prétendre sottement résoudre au début, à lui seul, ce qui ne sera que le résultat de cette alchimie que je viens de décrire. Il n'y a, à ce moment de l'affaire, place que pour les hypothèses. »

Et plus loin :

« Il y a autre chose, dans ces discussions ardentes, que l'intérêt de faire rendre justice dans une cause isolée. Le progrès du Droit dépend de ces mêmes efforts, et le combat judiciaire révèle son action féconde à un nouveau point de vue. Cette opiniâtreté de l'avocat à rechercher tout ce qui peut légitimement servir la cause qu'il a acceptée, dirige son esprit vers les questions juridiques. Là, encore, il scrute, il frappe, il creuse et, dès que le doute apparaît, il sait le mettre en lumière. Y a-t-il, quelque part, un côté demeuré obscur, y a-t-il une paille déparant une solution, il la signale, il en demande sa correction, il sollicite une réforme. De là viennent ces mouvements de jurisprudence, souvent lents comme ces mers qui abandonnent insensiblement le rivage, parfois brusques comme une éruption volcanique qui fait surgir une île ou une montagne nouvelle. Le Droit n'est pas plus immobile que les autres sciences. C'est une matière molle et ductile qui subit constamment des soulèvements et des dépressions. A chaque instant, dans les débats judiciaires, une nouveauté émerge. D'abord on la proclame un paradoxe ; puis, plus tard, on dit qu'il ne serait pas impossible que ce fût la vérité ; enfin, on se demande comment on a jamais pu croire le contraire. Tout cela naît, grandit et mûrit à la barre, à la chaleur du plaidoyer dont les récoltes sont engrangées dans les arrêts. C'est le Barreau qui le fait fructifier. S'il est vrai que parfois il faut plaider, sans espoir de succès, contre des idées reçues et pour le seul honneur du Droit, il n'est pas, pour l'avocat, de plus beau triomphe que de faire revenir la Cour sur une jurisprudence établie. »

Comme l'auteur, nous ne voulons pas de la suppression des avocats et, comme lui, contrairement à l'avis de la commission chargée d'élaborer un projet de réforme judiciaire, nous n'admettrons jamais l'abolition du stage.

« Si vous entendez dire que nous marchons à la décadence, soyez sûr que c'est de la dégénérescence du stage que sort le mal. Les jeunes avocats paraissent inutiles et encombrants aux patrons qui ne savent plus comment on peut en faire de sérieux auxiliaires. Les patrons ne sont plus que des personnages égoïstes ou distraits aux yeux des stagiaires qui ne savent plus comment on se fait bien venir. Vous avez presque tous une vanité et une croyance plaisante en vos mérites qui rendent les rapports peu agréables. Cette modestie et cette timidité aimables, qui caractérisaient autrefois le débutant dans une carrière si difficile, ont disparu. Presque dès les premiers jours, vous imaginant que la confraternité autorise les familiarités les plus singulières, vous traitez d'égal à égal avec ceux qui vous ont précédés. Ce sentiment de respect qui était dans les traditions, qui observait si bien les distances, qui éveillait la bienveillance des anciens en leur rendant les égards que l'âge, le talent, l'expérience provoquent si aisément de la part des jeunes âmes quand elles sont délicates, on ne le trouve plus guère, et la horde bruyante des nouveaux venus semble ne plus avoir qu'une préoccupation, celle de faire croire que, seule, elle existe. Qu'est devenue la vieille maxime : Respecte les anciens; en montrant que tu les apprécies, tu prouves que tu es de leur race! »

« Ces allures sont favorisées par on ne sait quelle maturité précoce qui affecte, comme une maladie, la jeunesse d'aujourd'hui. Chez la plupart d'entre eux, on dirait qu'on sent le quinquagénaire. Ils raisonnent de tout, et particulièrement de vos intérêts, avec une netteté que parfois on admire, mais qui plus souvent afflige. Quand on est si tôt calculateur et important, quand on n'a pas les chaudes passions des premières années à épuiser, on risque d'être, à l'été de la vie, étonnamment sec et odieux, et je redoute tout un barreau d'avocats à nature froide, vaniteuse et antipathique, dans une profession où, ce qui plaît, c'est la générosité, l'écart et l'oubli de soi-même. »

« Dès maintenant, ne voit-on pas le jeune Barreau chercher, dans les causes qu'il plaide, les scènes de plaidoirie beaucoup plus que l'accomplissement de sa mission, si haute pourtant, de contribuer à l'administration de la justice? Le jeune avocat croit aussi qu'il est assez fort pour se diriger lui-même dans la vie judiciaire. Il se dit qu'à 25 ans on est homme et qu'il est choquant de se mettre encore à l'école. Comme si, dans une carrière où les procès vous donnant la vie entière à apprécier et à discuter, on n'était pas longtemps, sinon toujours un enfant. »

« Le stage est un mariage qui doit rendre la vie professionnelle commune. Il faut que le jeune avocat et son patron se voient tous les jours et qu'il s'établisse entre eux, par des causeries sans cesse renaissantes, cet échange de notions, de vérités, de traditions et de procédés si variés et si nombreux qu'il serait difficile d'en faire un corps de doctrine. C'est là que le maître s'offre constamment à ses élèves pour les instruire, satisfait, pourvu que ses soins leur apprennent à s'en passer. C'est là qu'ils apprendront que le secret d'avoir toujours le temps, c'est d'économiser ses minutes, et que rien ne se venge comme les heures perdues. Que si l'exactitude est la politesse des rois, elle est aussi la fortune des avocats. Que le travail engendre le travail, comme la paresse engendre la paresse et que, s'il ne donne pas les jouissances les plus vives, il donne au moins les plus constantes. Qu'il ne faut entrer dans aucune cause qu'avec prudence, mais, qu'une fois entré, il n'en faut sortir qu'avec honneur, puisque l'avocat doit laisser de lui une opinion favorable, même quand il perd son procès. Il faut que le patron montre au stagiaire, moins ce qu'il faut savoir, que ce qu'il doit faire, l'enseignement devant tendre plus à l'action qu'à l'érudition. »

« Puis, combien de choses sur la plaidoirie. Qui donc apprendra au stagiaire, si ce n'est le patron, ces vérités profondes qui élèvent, comme d'un grand coup d'aile, et font voir des régions jusque-là inaperçues. Qui lui dira que s'il est une éloquence qui est toute dans la voix, une autre toute dans la pensée, il n'en est de vraie que celle qui vient du cœur! Qu'une légitime défiance de soi-même est le propre d'un avocat distingué, et que l'époque où il doit le plus se défier de lui-même est celle où, ayant acquis une grande autorité, il s'aperçoit qu'on le croit sur parole quoi qu'il dise! » Terminons les citations par ces dernières :

« Il faut avoir en animadversation ces avocats, amoureux de leur confortable, qui n'acceptent de causes que pour autant qu'elles peuvent être occasion de gloire, de plaisir ou de profit, semblables aux médecins qui refuseraient tout patient dont la maladie serait répugnante.

« D'un autre côté, voyez surgir au milieu de nous cette pointe d'esprit politique qui, malgré les résistances de la confraternité, commence à nous diviser d'après les partis qui s'agitent au dehors. On se surprend à rechercher si un avocat est libéral ou clérical. Il devient périlleux d'accepter certaines causes parce qu'il peut en résulter un classement. Cette lâcheté professionnelle, qui consiste à éconduire un client parce que sa cause a un caractère politique, sera bientôt un acte méritoire ; et celui qui aura le courage d'accepter, sera accusé de palinodie. A l'occasion, l'on se fera contre lui une arme de sa noble action.

Qu'il nous soit permit d'ajouter un fait pour justifier la citation qui précède.

Tout le monde a encore en mémoire l'affaire des mineurs de Decazeville que nous allons présenter sous son vrai jour, grâce à des documents inédits et que l'on ne saurait contester, puisque nous les tenons d'un mineur qui a figuré comme témoin au procès et auquel le président du tribunal n'a pu s'empêcher de rendre justice, publiquement, à sa conduite et à son honorabilité, le sieur Carrier, président de la Chambre syndicale des mineurs de Decazeville.

Voici, d'abord, dans quelles circonstances ces documents nous sont parvenus. Le sieur Carrier était venu à Paris dans le but d'obtenir des secours pour les ouvriers mineurs. Il fut présenté dans une réunion publique, organisée par un groupe républicain socialiste, à laquelle nous assistions. Il exprima, d'une manière générale, l'origine de la grève ainsi que l'événement du massacre de M. Vatrin, ingénieur, lequel, par ses exactions avait accumulé sur sa tête l'exécration de la population minière tout entière.

Fait remarquable à noter (car il nous servira plus tard lorsque nous nous occuperons de la question ouvrière), lorsqu'un des auditeurs lui demandait pourquoi les mineurs ne tenteraient pas de former une association pour exploiter eux-mêmes la mine, il répondit avec une grande franchise : Nous sommes trop ignorants pour entreprendre un tel travail, nul parmi nous n'est capable de nous diriger; c'est pourquoi nous ne réclamons qu'une augmentation de salaire.

Le lendemain de cette réunion, par suite de circonstances trop longues à énoncer, nous nous retrouvâmes, avec quelques amis, avec le sieur Carrier. Réunis en petit comité, Carrier fut plus expansif. Il nous raconta cet acte de l'ingénieur :

Un jour, arrivant sur le chantier, M. Vatrin aperçoit un ouvrier, déjà d'un certain âge, poussant avec peine une brouette chargée de matériaux; après l'avoir examiné longuement, lorsqu'il vint à passer auprès de lui. Le dialogue suivant eut lieu :

L'ingénieur. — Vous faites là un métier rude, n'est-ce pas?

L'ouvrier. — Ah oui! M. l'ingénieur.

L'ingénieur. — Combien gagnez-vous à le faire?

Réponse. — Deux francs cinquante centimes.

Demande. — Ce n'est pas assez n'est-ce pas, cela vaudrait bien trois francs?

Réponse. — Oui, monsieur, surtout que je suis chargé de famille.

Demande. — Quel est votre chef d'atelier.

Réponse. — Monsieur un tel.

L'ingénieur. — Quel est votre nom?

Réponse. — Un tel.

L'ingénieur prend son carnet écrit les renseignements que l'ouvrier vient de lui donner et lui dit : C'est bien, je parlerai à votre chef de chantier ; puis il continua son inspection.

Quelques jours après l'ouvrier se présente à la paye avec l'espoir d'avoir trois francs. Le chef d'atelier lui dit :

M. l'ingénieur a réduit votre journée à deux francs vingt-cinq centimes.

On eût compris que l'ingénieur eût sur le chantier adressé des reproches à l'ouvrier, pour sa nonchalance à exécuter son travail ; mais, non seulement ne lui en faire aucun, mais encore le leurrer de l'espoir d'une augmentation, et, au contraire, réduire son salaire est indigne d'un homme honnête. Et l'on comprend qu'un ouvrier ne pouvant se venger d'un tel forfait renferme en son for intérieur une haine indescriptible.

Arrivons actuellement aux scènes qui ont précédé le meurtre.

Ce jour-là, les ouvriers se réunissent à la porte du bureau de l'ingénieur — et réclament de lui qu'il se rende sur les lieux. — Il déclare n'accepter qu'à la condition expresse que le mineur Carrier l'assiste. Celui-ci arrive, se met à sa droite, et l'on se rend au bâtiment où toute la population minière se trouve réunie.

Il entre avec Carrier et va gagner l'escalier qui conduit au premier étage.

Ecoutons Carrier.

« M. Vatrin arrivé au pied de l'escalier, n'existait plus, ce n'était plus qu'une machine humaine, fonctionnant par suite de l'impulsion de la première heure, l'on ne pourrait mieux dire qu'en le comparant à Jésus au jardin des Oliviers, il était écrasé sous le poids de l'exécration de la population minière qui le manifestait par des cris » et arrivé dans la pièce fatale, lui, homme d'une grande énergie et d'une force remarquable, loin de chercher à parer le coup qui doit l'anéantir, d'opposer quelque résistance, il semble se courber de lui-même pour le recevoir.

Et c'est alors qu'abattu, la masse houleuse se précipita sur lui le trépigna en poussant ces cris : Hein ! hein ! hein !

Eh bien ! de tels faits entre les mains d'avocats tels que les émules des Berryer, Paillet, Jules Favre, ne leur auraient-ils pas suffi pour faire si non acquitter ces malheureux que les exactions de cet ingénieur jointes au manque d'instruction ont poussés au crime ; du moins à leur faire appliquer des peines moindres.

Est-ce que ces cris sauvages : Hein ! Hein ! Hein ! n'eussent pas été traduits par ces avocats en ces mots :

Souffre donc ! un instant, des maux que tu nous as fait endurer depuis ton arrivée comme directeur de la mine !

Puis encore, n'eussent-ils pas fait ressortir que la misère, qui a divers titres est une interruption de la vie intellectuelle, était seule la vraie coupable.

Et qu'ont fait ceux qui ont recherché à titre de réclame le droit de les défendre ? Ils ont cherché à prouver l'incompétence du tribunal ; mais l'exposition seule des faits que nous venons d'énoncer plus haut, ne valait-elle pas mieux que tous les articles du code !

Pourquoi donc n'ont-ils pas cherché ces faits qui sont parvenus jusqu'à nous ?

Parce qu'ils ne se sont pas rendu compte que si, autrefois, la profession suffisait pour honorer l'homme, aujourd'hui il n'en est plus de même : c'est l'homme qui, au contraire, doit honorer sa profession.

Des Avoués.

Il en est de même des avoués, nous ne réclamons pas leur suppression, mais nous leur dirons comme aux avocats :

De même que pour arriver au développement si prodigieux de l'industrie qui s'est opéré entre la science et ceux qui devaient appliquer ses découvertes, il a fallu que l'ingénieur descendît de son cabinet à l'atelier vivre de la vie des ouvriers, se mette avec eux en parfaite communauté d'idées.

De même, disons-nous, Messieurs les avoués et avocats doivent eux aussi, sortir de leur cabinet et se mettre en parfaite communauté avec les faits cause du litige.

En effet que se passe-t-il chaque jour ?

Combien de cabinets dits de contentieux, d'affaires, surgissent concurremment à leurs études, dont les directeurs leur enlèvent des affaires juridiques, et lorsqu'ils ne peuvent se passer d'eux, conduisent et dirigent la procédure de telle sorte que les avoués ne sont que leurs simples tabellions.

Ces hommes d'affaires, nous dira-t-on, à de très rares exceptions, sont loin d'être honorables. Nous ne saurions le nier. C'est un mal, mais un mal relatif et non absolu : leur existence prouve deux choses :

Que le nombre des avoués est trop restreint puisque le nombre des affaires litigieuses augmentent et les tribunaux s'encombrent.

Que la rémunération de leur travail est défectueuse puisque, comme dans la contribution du timbre leurs honoraires sont immuables par rapport au capital variable, tandis que ceux que l'on paye aux hommes d'affaires sont de tant pour cent sur le montant du litige, ce qui est beaucoup plus équitable.

A nos yeux, il doit en être de même, non seulement pour les avoués, moins encore pour tous les officiers ministériels, présidents et juges.

DE LA MAGISTRATURE

N'est-il pas absurde qu'un Président de Tribunal, qui, dans le courant d'une année, peut avoir à juger des affaires litigieuses s'élevant parfois à des millions, n'ait que cinq ou six même dix mille francs par an pour rémunération de ses travaux.

A moins d'être un Caton, plus d'un cède à cette prépondérance de l'individualité envieuse qui compte comme souffrance, tout bonheur arrivant aux autres, quand il ne cède pas à la tentation du veau d'or.

Pour nous résumer, sur la réforme à porter aux frais judiciaires à la rémunération des officiers ministériels et aux avocats ; nous voudrions que tous réunis, ils ne s'élèvent pas au-delà de dix pour cent du chiffre du règlement du demandeur ; car certainement, quand un litige roule sur une somme de cent mille francs, par exemple, celle de dix mille francs rémunérerait ces messieurs plus équitablement qu'ils ne le sont aujourd'hui et l'on sauvegarderait l'honneur du barreau et de la magistrature, l'on soulagerait le Trésor, c'est-à-dire la fortune publique. Enfin, ces messieurs, encouragés, stimulés par une rémunération équitable, mettraient plus d'accélération dans leur travail et dans l'expédition des causes ; et d'eux-mêmes réclameraient, nous en sommes convaincus, la réduction de vacances si préjudiables aux intérêts de tous.

JUSTICE CRIMINELLE

Si actuellement, nous passons à la justice criminelle, là encore, tout le monde est d'accord pour reconnaître la nécessité absolue d'apporter de profondes modifications.

Ici, également le nombre des délits et crimes augmente chaque jour, dans une proportion effrayante, qu'il faut absolument enrayer.

Si, nous examinons les cas où après diverses chutes, un homme est classé comme récidiviste, nous voyons que la loi qui le régit n'a produit aucun des résultats que l'on en attendait. — Pourquoi ?

Parce que jusqu'à ce jour, aucun ministre de la marine n'a eu la conception d'une telle œuvre. Le premier qui fut consulté, lors de la discussion de cette loi, présenta un état de dépense tel, qu'il fit reculer le plus intrépide par cette raison simple, qu'il n'avait aucune idée de l'organisation coloniale. Au lieu d'envoyer de suite un millier d'hommes il fallait commencer par faire choix d'un premier groupe de cinquante au plus, des meilleurs ; de les envoyer en Calédonie sous les ordres d'hommes énergiques et connaissant parfaitement la contrée, lesquels leur auraient fait construire des abris, puis cultiver la terre, exploiter les bois et alors une fois cet abri élevé, une première récolte faite, emmagasinée, on en eût envoyé cent autres qui devant ce premier résultat obtenu, se seraient mis à l'œuvre sous les ordres des premiers arrivés, eussent poursuivi ces travaux et après un second résultat on en eût envoyé deux cents autres et ainsi de suite. Aujourd'hui la France et particulièrement Paris, seraient purgés de cinquante mille gredins qui y pullulent.

Beaucoup de personnes réclament à cor et à cri la magistrature élective.

Or, il en est déjà ainsi des juges au Tribunal de commerce; examinons quels en sont les résultats. Aux dernières élections au Tribunal de la Seine, les commerçants se sont désintéressés et à peine un quart d'entre eux ont pris part aux élections.

Pourquoi ?

C'est que ce mode d'élection est défectueux parce qu'il est, dirons-nous, incomplet. Les commerçants en votant pour un certain nombre d'entre eux, leur reconnaissent évidemment l'honorabilité nécessaire pour remplir ces fonctions, mais cette qualité suffit-elle? Assurément non, il est nécessaire qu'ils aient une parfaite connaissance des lois; c'est donc par pure présomption, et non avec *certitude qu'ils seront bons juges*, que les électeurs les nomment. De là les désappointements et abstentions de la part de ces derniers.

Or, il est évident que dans l'état actuel, pareille chose se représenterait à l'égard de la magistrature civile et pour y remédier, nous renvoyons nos lecteurs au moyen que nous avons indiqué, au sujet de la réduction du personnel et du travail à offrir aux employés ayant leur diplôme d'avocat pour s'y créer une carrière indépendante.

Pour en terminer avec la Justice, si nous recherchons la cause de cette multitude de procès qui surgissent sans cesse, nous la trouvons dans l'ignorance absolue des lois par le peuple ; ce qui conduit naturellement au ministère de l'Instruction Publique que nous venons greffer et relier aux précédents.

CHAPITRE IV

DE L'INSTRUCTION PUBLIQUE

Quelqu'un a dit :

« Les enfants appartiennent moins aux parents qu'à la République ; ils sont les enfants du peuple, ils en sont l'espérance et la force. C'est dans la fleur qu'il faut préparer les fruits. »

« Un gouvernement doit donc veiller et faire veiller sur l'éducation que l'on donne aux enfants. »

Certes, depuis 1876, loin de laisser plus longtemps ignorer à la majeure partie des Français la connaissance des choses élémentaires on a voulu pour tous, et sur tous, que la lumière se fît. Aussi maintenant un enseignement gratuit et obligatoire est donné aussi bien à l'enfant du peuple qu'à celui de la classe aisée.

Mais si nous examinons les résultats obtenus depuis cette époque jusqu'à ce jour, et si nous les comparons à la dépense et aux efforts faits, nous constatons avec regrets que les résultats ne sont pas en proportion des sacrifices, la grande minorité des enfants ne reçoivent aucune instruction ni éducation et que ceux qui les reçoivent n'en peuvent récolter tous les fruits. A cela, il y a des causes multiples que nous allons développer.

A l'égard de cette minorité ne recevant aucune instruction, l'on nous dira que ni le temps, ni l'argent n'ont permis d'en faire davantage; nous répondrons que si l'on eût fait des écoles moins luxueuses l'on eût pu en avoir davantage.

Disons ensuite que l'empressement que l'on a mis à rattraper le temps perdu a fait confondre vitesse avec précipitation.

Les enfants qui, à l'heure actuelle, ont le bonheur de recevoir l'instruction sont à nos yeux trop surchargés de travail; les programmes sont trop étendus. De l'avis de tous les médecins, on exige trop d'eux, les commencements surtout sont abstraits et exigent du temps, du calme pour se les graver dans la mémoire.

On surmène les enfants comme on engraisse la volaille, on les gave de sciences, d'histoire, etc. d'où résulte pour eux des maladies cérébrales.

Enfin, l'on aura encore longtemps des savants et

des ignorants, nous préférerions que tous sans exception aient une instruction moindre, mais que le niveau d'instruction soit égal pour tous.

Un moyen s'offre :

Au lieu qu'une partie des enfants étudient une journée tout entière, que cette partie n'étudie qu'une demi-journée et que ceux qui ne reçoivent aucune instruction en reçoivent l'autre demi-journée.

D'autre part, on ne laisse pas les jeunes garçons assez longtemps entre les mains des institutrices, tant au point de vue de l'instruction que de l'éducation. Pour l'instruction, ce qui nous manque, surtout à nous « hommes » c'est la *persévérance* qu'au contraire la femme possède au plus haut degré. Or, c'est cette persévérance qu'il faut à tout prix faire pénétrer dans l'âme des enfants.

A l'égard de l'éducation nous ne pouvons mieux faire que de rééditer les lignes publiées par M. le Ministre de l'Instruction Publique, M. Lockroy, lorsqu'il était simple député, en villégiature à Londres : Un des côtés les plus originaux de l'éducation anglaise est ceci :

« On apprend aux jeunes gens à devenir des hommes du monde, ils donnent des réceptions, ils font des visites, invitent à dîner, etc. Quand ils sortent de l'Université ce sont des « gentlemans. »

Or, qui donc en France a été de tout temps maître en cette science si ce n'est la femme. S'il est vrai, ainsi que l'Ecriture sainte l'affirme, qu'elle a été la cause de la perte du monde entier, il lui appartient de droit de le régénérer; c'est à elle qu'incombe le devoir de nous combler l'âme et de nous pétrir le cœur de l'amour sacré de notre patrie et de nos semblables. Laissons-lui donc entre les mains aussi longtemps que possible les jeunes garçons.

Il nous revient à ce sujet, à la mémoire, les paroles prononcées le 19 août 1883 par Mlle Marie Vincard, à la distribution des prix aux élèves de l'Ecole professionnelle fondée et dirigée par elle : « Aimez à rendre un service, à vous dévouer, travaillez à secourir toutes les infortunes; telle est pour la femme la seule manière de prouver son amour à son pays et à la République. L'idée de droiture impose celle de devoir; ne l'oublions pas. Aimons les uns, accomplissons les autres. »

Un autre point que nous avons à signaler est celui des professeurs, certes, nous ne nous permettrons pas de discuter leur mérite, ils sont tous des savants, mais cela ne suffit pas. Tous les hommes peuvent à force de travail, le devenir, mais on naît professeur. Car il n'appartient pas à tout le monde d'avoir ce don naturel de persévérance ni de persuasion si nécessaire pour instruire les autres.

D'autre part, dans les écoles et les lycées, les professeurs croient avoir rempli leurs devoirs lorsqu'ils ont fait leur cours; le surplus, à leurs yeux, ne concerne que les élèves, lesquels doivent attraper la science au vol, comme les oiseaux attrapent les mouches. A ce sujet, nous reproduisons encore quelques lignes de M. Lockroy, sur l'instruction en Angleterre.

« Le programme de l'Instruction est un peu comme la Constitution anglaise, ce n'est rien ou pas grand'chose. Il paraît très inférieur au nôtre, mais les Anglais se rattrapent dans la pratique. Le professeur *conseille et surveille* l'élève bien plus que chez nous. »

« Non seulement il fait la classe, mais encore pendant l'étude, *il dirige l'enfant et travaille avec lui.* »

Pour résumer notre pensée, à nos yeux, lorsqu'on confie à un professeur dix, vingt ou trente élèves à instruire, son devoir est de rendre à la Société, dix, vingt, trente hommes instruits et non trois, cinq ou dix, ainsi qu'il en est en ce moment.

Enfin, une chose n'a pas encore été rendue accessible à toutes les intelligences, c'est la science du droit. C'est une lacune qu'il faut au plus tôt combler, car s'il n'est pas à la portée de toutes les bourses de s'adonner pendant plusieurs années à l'étude du droit, sous la savante direction de savants jurisconsultes éminents, il n'en est pas moins nécessaire à tout citoyen d'avoir un aperçu général des grandes questions qui se présentent à chaque instant dans le cours de la vie, qu'il serait bon de pouvoir résoudre soi-même ou du moins en connaître assez pour en raisonner plus utilement.

Tout Français a besoin de connaître les droits et les devoirs qui lui incombent à l'égard de la Société dans laquelle il est appelé à apporter son contingent de labeur.

Comment y parvenir?

Si nous jetons un regard en arrière, nous voyons que de même qu'à l'égard du droit, l'étude de la théologie n'étant pas davantage à la portée de toutes les bourses, le clergé y a suppléé en créant un catéchisme religieux, lequel grave dans l'esprit de l'enfant, les bases élémentaires de la religion. Servons-nous donc des bons exemples qui nous sont donnés, n'importe d'où ils viennent et introduisons dans les écoles un catéchisme juridique.

Lorsque l'enfant a atteint l'âge adulte, son premier devoir est de servir la patrie à laquelle il doit d'être instruit et mis à même de se suffire, ce qui nous conduit à relier aux Ministères précédents ceux de la Guerre et de la Marine.

CHAPITRE V

GUERRE ET MARINE

Réorganisation de l'Armée.

Dans un article publié, par un journal républicain à la chute du ministère Gambetta, M. Laisant député, disait avec raison que ce qui faisait défaut à la réorganisation de l'Armée, c'était la difficulté du recrutement des sous-officiers.

Cherchons-en la cause.

A l'époque où la loi militaire, sous le premier Empire, fut votée, il y a près d'un siècle, on n'entrait pas dans les diverses carrières civiles ou administratives avant trente ou trente-cinq ans. Il n'y avait donc pas à cette époque d'interruption entre l'instruction terminée et l'heure de la conscription, tandis qu'aujourd'hui où l'on se dit être ouvrier, à vingt ans, quelquefois même industriel ou commerçant à vingt et un ans, notaire, agent de change à vingt-cinq, et que pour être établi à cet âge, il a fallu faire un apprentissage ou un stage de plusieurs années pendant lesquels les jeunes gens ont successivement gagné, mille, quinze cents, deux mille francs par an et même plus, et ont sucé le bon lait de la profession à laquelle ils se sont adonnés. Comment, veut-on que de tels hommes puissent jamais, de gaieté de cœur, accepter de servir la patrie pour quelques centimes par jour leur vie entière, et avoir sans cesse suspendu au-dessus de leur tête, la discipline (véritable épée de Damoclès) qui pour la moindre pécadille leur retire leurs galons!

Et cela, quand l'esprit de liberté et d'indépendance qu'ils respirent dans les écoles, dans les lycées, dans la famille, dans les théâtres, dans les réunions, dans les livres, dans les journaux, dans l'air même, ne fait que faire pénétrer en eux, un sentiment d'horreur pour ce métier, dont l'art suprême consiste à massacrer son semblable!

Comment y remédier, puisque jusqu'à ce jour et dans longtemps encore, les puissances ne désarmeront pas?

ARMEMENT DE LA NATION

Deux moyens s'offrent à nous. Ou d'avancer l'âge

de la conscription; ou d'armer la nation entière.

A l'égard du premier, nous entendons d'ici, les uns s'écrier :

Quoi! devancer l'âge de la conscription!

Mais la statistique ne justifie-t-elle pas qu'à notre époque une quantité notable des jeunes gens ne peuvent répondre au service qu'exige d'eux l'état militaire, par suite de la faiblesse de leur constitution?

A ces adversaires, nous retournerons cette statistique contre eux. En effet, d'où provient cette faiblesse de constitution?

De cet intervalle de temps entre la sortie des écoles et l'époque du tirage, intervalle pendant lequel ces jeunes gens usent et abusent de leurs forces, s'épuisent par une vie toute sensuelle et par suite sont à l'époque du tirage, bien moins forts qu'à leur sortie de l'école et du lycée.

De plus, cet intervalle de temps de liberté relative si ce n'est absolue, crée en eux, l'outrecuidance, l'égoïsme et la mollesse.

A l'égard du second, en maintes occasions, notamment en 1828, M. le général Lafayette, député de Meaux, fit une proposition spéciale pour la réorganisation de la garde nationale. « Je suis plein de confiance, disait-il, pour notre jeune armée; elle se montrera, dans l'occasion, toujours brave, toujours patriote, deux conditions essentielles de l'honneur pour les guerriers d'un pays libre. Nommer nos vétérans, c'est retracer leur gloire et notre reconnaissance. Mais la patrie réclame une troisième barrière de notre indépendance et de notre territoire; une indispensable garantie de la liberté et de l'ordre public : c'est la garde nationale. »

Ici, plus encore que jamais, nous entendons d'avance, les cris et les sarcasmes, et nous nous empressons d'y répondre :

Vous avez en ce moment le moyen propre à la réorganiser, sans secousse. Nous voulons parler des « Bataillons scolaires. »

Si l'organisation de ces bataillons avait eu lieu dans toute la France, dès son origine, c'est-à-dire, vers 1881, en prenant comme on l'a fait, les enfants dès l'âge de 12 ans, ces premiers arrivés aujourd'hui, à l'heure de la conscription seraient instruits et représenteraient au maximum le huitième de la jeunesse française; et, en 1896, la France aurait une garde nationale prête à faire face à tout évènement.

Nous n'entrerons pas dans l'examen approfondi de la loi militaire qui vient d'être votée par la Chambre des députés et le Sénat. Mais nous ne pouvons nous empêcher de reconnaître à chaque pas que nos législateurs, en discutant cette loi, se sont sans cesse appliqués à abolir certains privilèges accordés jusqu'à ce jour à certaines classes d'individus pour en créer d'autres pour certaines autres au détriment de la classe ouvrière, au lieu de soumettre tout le monde sans aucune exception. Quoi ! vous supprimez l'exemption du service de 3 ans pour les prêtres et les instituteurs, vous en créez pour ceux qui ont des professions libérales et quant à l'ouvrier, vous le condamnez à faire trois ans. Nous réclamons l'égalité pour tous à quelque classe qu'ils appartiennent.

En dernier lieu, nous entrons dans l'examen de la partie administrative et là comme dans les autres ministères, nous réclamons une véritable transformation des services.

Quant à la Marine, nous constatons qu'il est d'une nécessité absolue de réviser les lois qui la régissent et qui sont la cause du marasme dans lequel se trouve la marine marchande.

A cet effet nous réclamerions pour elle que, comme l'armée de terre, elle soit au point de vue administratif sous la direction d'un ministre civil. Car, les officiers de marine ont moins que quiconque la connaissance des lois civiles et commerciales. A cheval sur les lois qui les régissent, ils n'admettent pas quelles sont une matière malléable, ductile devant subir les conséquences des évolutions continuelles du commerce. Ils ne connaissent que leur exécution sans réplique.

Mais en même temps, nous voudrions un lieutenant général, ou major des armées de terre et de mer chargé de l'exécution militaire.

Quand l'adulte a rempli son devoir envers la patrie, alors il a le droit d'entrée dans la société et le devoir d'y conquérir une place soit dans les professions libérales, soit dans les diverses administrations de l'Etat. Ce qui nous conduit à examiner successivement l'Agriculture, le Commerce, l'Industrie, les Travaux Publics, les Beaux-Arts, les Affaires Étrangères, les Cultes ; enfin de les relier au Ministère de l'Intérieur.

Dans tous ces Ministères, la question administrative, c'est-à-dire les rapports des supérieurs aux inférieurs, se reliant intimement à ceux existant entre les patrons et ouvriers, nous l'attaquerons donc immédiatement, mais avant, nous dirons un mot des Cultes.

CHAPITRE VI

DES CULTES

Rapports de l'Église et de l'État

Le 16 novembre 1885, M. de Freycinet, Président de Conseil des Ministres, dans la déclaration ministérielle disait à ce sujet :

« Une autre difficulté de l'heure présente est née du rapport de l'État et de l'Église. L'État, laïque et neutre en matière religieuse, doit respecter la liberté des consciences et assurer le libre exercice des cultes. Pas de désaccord sur ce point, et il n'eût tenu qu'à toutes les communions religieuses de vivre également en paix avec le gouvernement de la République. Malheureusement l'hostilité non déguisée à laquelle se sont laissés aller un trop grand nombre de membres du clergé vis-à-vis de nos institutions, leur immixion dans la lutte des partis ont jeté dans notre pays une division profonde.

« L'incertitude où l'on est resté jusqu'ici sur la solution que comporte un semblable état de choses n'a contribué qu'à aggraver le mal. »

« La question de la séparation de l'Église et de l'État souvent agitée d'une façon incidente dans le Parlement, n'a jamais été résolue, ni même directement discutée. Elle s'est posée devant le suffrage universel et il paraît certain que la majorité des Français n'est pas actuellement favorable à cette solution. »

« La question n'a d'ailleurs été posée que confusément et sans exposé des mesures de détails qui devraient même, dans la pensée de ses partisans les plus convaincus, préparer et accompagner la séparation. Il est donc nécessaire que le débat soit ouvert et approndi dans une prochaine session. »

« Si comme nous le pensons, la majorité se décide contre la séparation, notre devoir sera de défendre énergiquement les droits de la société civile, d'user sans passion, mais avec fermeté, des moyens que les lois nous donnent pour ramener à l'accomplissement de leur devoir envers le gouvernement du pays, ceux des membres du clergé qui s'en écarteraient. »

Que de fleurs de rhétorique dépensées pour rendre sonore un discours vide de sens commun! Ainsi,

M. le Président du Conseil reconnaît que l'hostilité non déguisée d'un trop grand nombre de membres du clergé vis-à-vis de nos institutions a jeté dans le pays une division profonde; l'incertitude où l'on est resté jusqu'ici sur la solution que comporte un tel état de choses, a contribué à aggraver le mal. Qu'il est donc nécessaire que le débat soit ouvert et approfondi. Pourquoi alors attendre une prochaine session? Ne pas l'ouvrir de suite? Pourquoi rester plus longtemps dans l'incertitude? Enfin, sa conviction étant que la majorité se déciderait contre la séparation, pourquoi dès à présent ne pas défendre énergiquement les droits de la société civile, ne pas user avec fermeté des moyens que les lois lui donnent pour ramener à l'établissement de leurs devoirs ceux des membres du clergé qui s'en écartent? Sous le règne de Louis-Philippe le clergé se permettait-il de telles infractions à leurs devoirs? Non. C'est donc que le gouvernement avait à cette époque entre les mains les armes nécessaires pour les réprimer. Pourquoi le gouvernement actuel ne se sert-il pas de ces mêmes armes?

Que réclame le peuple?

Qu'il n'y ait plus de privilège. Or, qu'est-ce qu'une religion d'État? un privilège. Supprimez-la donc. Disons comme le général Lafayette au premier Consul :

« En consacrant, comme vous le devez, la liberté religieuse, ne créez pas une religion d'État; laissez chacun, comme aux États-Unis, payer son culte et nommer son ministre. Les âmes vraiment pieuses ne demanderont pas mieux et tous vous béniront, les dévots politiques diront que vous ne faites pas assez; les anti-religieux, que vous faites trop: ils auront également tort. »

CHAPITRE VII

INTÉRIEUR

Assistance publique.

Au sujet de l'Instruction publique, nous avons cité ces lignes :

« Les enfants appartiennent moins aux parents qu'à la République. »

Elles sont encore plus applicables à l'assistance publique.

Un projet de loi sur la protection des enfants maltraités ou en danger moral a été déposé sur le bureau de la Chambre des députés par M. Floquet, alors qu'il était Ministre de l'Intérieur. Ce projet comporte deux titres :

Le premier traite de la déchéance, de la puissance paternelle et de l'organisation de la tutelle en faveur des enfants de parents indignes.

Le second règle la protection des mineurs placés

par jugement avec ou sans l'intervention des parents, dans des administrations publiques, dans des associations de bienfaisance spécialement autorisées à cet effet ou chez des particuliers.

Tout d'abord, nous ne pouvons que louer l'auteur de ce projet, du sentiment d'humanité qui l'a conduit a en prendre l'initiative. Nous n'en connaissons pas le texte composé de vingt-cinq articles, mais le peu qu'en ont dit certains journaux nous convainc de ce fait, que ce projet devenu loi ne sera jamais qu'un palliatif et non un remède curatif apporté au mal.

Car, pour faire l'appplication de la déchéance, de la puissance paternelle, il faudra que tout d'abord les parents se soient montrés indignes par des actes dont les enfants auront eu, tout d'abord à souffrir. Il faut à nos yeux, attaquer le mal à la racine. Un fait nous vient en aide à ce sujet.

L'année dernière nous avions rencontré dans un des cours de l'Association Polytechnique, un jeune homme ouvrier ciseleur, qui se faisait remarquer par son intelligence et son travail. Ce cours terminé, quelques mois après nous apprenons par un de ses camarades d'étude qu'il a perdu son père, et qu'il reste à dix-sept ans et demi, le seul soutient de ses deux frères, en apprentissage. Nous le priâmes de venir nous voir, et nous lui exposâmes la situation malheureuse où pourraient se trouver ses deux frères, au cas où il viendrait à être lui-même malade, ou à mourir, et lui donnâmes le conseil de réunir un Conseil de famille, afin de leur faire nommer un tuteur.

D'abord, nous répondit-il, je n'ai aucun parent, proche ou éloigné ; de plus, je n'ai pas l'argent nécessaire pour me procurer les actes de mariage, de décès et de naissance et subvenir aux frais que nécessite la nomination d'un tuteur.

Nous lui proposâmes de réclamer l'assistance publique en sa faveur, et sur son consentement nous adressâmes une requête à M. le Procureur de la République, afin qu'il autorisât le Juge de Paix de l'arrondissement à créer un conseil de famille.

Eh bien ! Combien y a-t-il d'enfants dans des circonstances semblables, qui sont devenus de mauvais sujets par suite de manque d'un guide.

Or, à nos yeux, c'est un point capital que l'auteur de ce projet de loi a complètement négligé.

Cherchons donc le remède à ce premier mal.

Tout d'abord, il serait nécessaire qu'au décès de quiconque, le Juge de Paix où le Maire de l'arrondissement ou de la commune, dressât un état officiel de famille, du défunt, et que la loi leur donnât le pouvoir de prendre toutes les mesures nécessaires afin que les enfants soient à l'abri du mal; que ceux restant sans famille, trouvent immédiatement aide et protection.

Mais, nous dira-t-on, à qui les confier, l'État ne le peut pas; le Gouvernement ne peut faire qu'appliquer sa loi, et n'a pour de pareils malheurs, que des établissements publics dans lesquels il n'existe aucun soin maternel et encore moins de ces soins, de ces caresses si nécessaires aux enfants, pour développer en eux les sentiments d'affection, que quiconque doit avoir pour ses semblables.

C'est vrai, mais aujourd'hui à Paris, notamment, où il s'est formé, dans chaque arrondissement, des Caisses dites des Ecoles pour venir en aide aux enfants dénués de toutes ressources, ne trouverait-on pas parmi les nombreux membres adhérents à cette œuvre, des personnes qui accepteraient cette tutelle dont le but réel serait de procurer à ces enfants le bonheur de la famille. La dépense pour ceux-ci serait peu importante, la Caisse des Écoles, et l'Assistance Publique étant chargées des besoins matériels et de l'instruction.

DE LA CRISE ÉCONOMIQUE

La misère provient à la fois du défaut d'éducation, des privations de la famille, de la préoccupation excessive des nécessités matérielles. Elle est une tentation, et de la sorte, à plusieurs titres, une interruption de la vie morale et intellectuelle.

L'une des causes les plus fécondes du malaise, du trouble et de la dépravation se rencontre dans la constitution économique de la société. On n'a rien fait pour l'homme lorsqu'on a proclamé pour lui le droit d'être citoyen, père de famille, si on ne l'a pas tout d'abord affranchi de la servitude extrême des besoins du corps.

Ce qu'il est nécessaire d'accorder à l'homme pour qu'il soit réellement libre, ce n'est rien *qu'une assistance et qu'une aide* ; il faut lui donner ce pouvoir qui lui manque *d'être entièrement lui-même.*

Tel est, ce qui doit à nos yeux préoccuper nos gouvernants, et à cet effet, nous exprimons le vœu, qu'il soit organisé un Ministère spécial de l'Assistance Publique, ou que l'on relie cette dernière au Ministère de l'Instruction Publique, duquel on détacherait le service des Beaux-Arts que l'on reporterait à celui de l'Intérieur, ainsi qu'il en était autrefois.

Le mal de la misère est plus grand encore quand il existe dans une société industrielle ; ailleurs la richesse n'est qu'une inégalité, et elle peut être compatissante et généreuse. Mais ici elle se nomme *Capïtal* ; elle dispose des instruments de travail et du travail lui-même.

Le problème est nouveau. L'antiquité avait tranché la difficulté par l'esclavage du pauvre et du travailleur.

L'esclave s'est révolté.

L'Eglise est intervenue et a opposé à l'esclavage, la patience et l'aumône; d'abondants secours furent accordés à la pauvreté.

Quel en a été le résultat, l'avilissement de l'être humain, qui a fait un métier de l'indigence. Le remède a été pire que le mal, et il a fallu nos révolutions pour découvrir qu'elle cause d'anéantissement s'agite au fond de ce problème auquel on a donné le nom de *Paupérisme*.

Si nous fouillons plus profondément qu'on ne l'a fait jusqu'à ce jour, dans l'histoire de notre pays, nous y voyons que depuis le moyen âge jusqu'à la révolution de 1789, de fortes associations en faveur du travail avaient permis de ne pas s'apercevoir des effets de la terrible antithèse de la richesse et de la pauvreté et des conséquences de la misère. Entrons donc dans un examen approfondi de ces anciennes corporations des arts et métiers mieux connues sous la dénomination de jurandes ou maîtrises et nous ne saurions mieux faire que d'emprunter les lignes suivantes à l'*Encyclopédie* du dix-neuvième siècle.

« L'antiquité, qui faisait exercer presque toute l'industrie agricole et manufacturière par des esclaves, qui méconnaissait, par conséquent, les principes de l'association et de la vocation libre, avait reconnu l'utilité de diviser et de subdiviser le travail. Dans toute réunion d'esclaves, pourvu qu'elle fût un peu nombreuse, on distinguait des groupes appliqués à des fonctions spéciales.

« Lorsque la civilisation passe de l'enfance à la jeunesse, qu'elle brise ses chaînes, la séparation des hommes adonnés à des professions diverses, le groupement des travailleurs libres à des fonctions semblables, se conservent dans les communautés d'arts et métiers.

« La corporation conserve la division et la subdivision du travail, elle y joint même un germe d'association inconnue dans l'esclavage : les membres des groupes affranchis, remplaçant la direction des maîtres par une volonté collective.

« Chaque groupe industriel se donne des règlements

ou statuts. Ces derniers ont en vue deux objets : l'intérêt des consommateurs et l'intérêt de la corporation industrielle.

« Dans l'intérêt des consommateurs, les statuts garantissent, par un long apprentissage et par le chef-d'œuvre, que le métier sera bien exercé, que les bonnes traditions seront fidèlement conservées. Les règlements exigent : bonne qualité dans les produits, bon marché, sincérité dans la vente.

« Dans l'intérêt de la corporation, il se forme une bourse collective consacrée aux dépenses générales de la communauté.

« Les statuts des corps et métiers sont délibérés par les artisans eux-mêmes.

« En outre, la maîtrise nécessitait une police intérieure pour le maintien des règles et l'observation des droits et devoirs de chacun.

« Ainsi, déjà bien avant la Révolution de 1789 et la proclamation des droits de l'homme, on reconnaissait ce principe : Que tout droit impose des devoirs. Et, qui sait si les auteurs de cet article ne l'ont pas précisé dans les statuts des maîtrises?

« Actuellement voici ce que la corporation statuait dans son intérêt propre et ce qui formait un germe d'association dans son sein.

« La bourse de la communauté était alimentée par

une cotisation régulière et par les amendes; elle pourvoyait aux frais des procès soutenus pour les privilèges de la corporation.

« Cette bourse avait encore pour objet de prêter assistance aux vieillards et aux infirmes des métiers. Plus d'une communauté entretenait à ses frais un hôpital spécial. »

En résumé, ces institutions avaient ces bons côtés :

Conservation des traditions du métier ;

Germe d'association et de solidarité des travailleurs ;

Secours assurés aux vieillards et aux infirmes ;

Satisfaction légitime donnée à l'esprit corporatif.

Garantie donnée aux acheteurs contre la fraude.

« Tandis que les travailleurs des champs vivaient dans une dépendance étroite de leurs seigneurs et ne connaissaient que le cens, la dîme et la redevance sous toutes les formes, les ouvriers des villes libres de toute exaction, à l'abri des mesures arbitraires, avaient le sentiment de la propriété et l'amour du chez soi, préliminaires obligés de toute émancipation.

« C'était une ascension lente, mais sûre, qui faisait avec le temps des citoyens et peuplait les villes d'hommes d'autant plus libres, qu'ils ne devaient leur indépendance qu'à eux-mêmes.

« Réunis dans leurs chambres syndicales, alors que la maison commune rurale n'était pas encore née, ces hommes délibéraient sur les choses du métier, comme les bourgeois le faisaient au *Parlouër*, les magistrats au parlement, et les gens du roi en la Chambre du conseil.

« Qui ne voit qu'il y avait là tout un apprentissage de la vie publique, toute une préparation aux institutions modernes, que nul n'entrevoyait encore dans l'ordre politique. »

Il est nécessaire d'insister sur ce point :

Les gens du métier ont eu, dans ces temps difficiles, la conscience de leur situation ; ils ont compris que :

Toute puissance est faible à moins d'être unie.

Ils ont senti le péril de l'isolement, la stérilité de l'effort individuel, et ils ont réalisé dans l'association ouvrière, la plus grande somme de liberté qu'on pût alors conquérir en même temps qu'ils atteignaient le plus haut degré d'influence auquel ils puissent légitimement prétendre.

« Augmentant d'importance, ce qui était resté inaperçu se montra de lui-même ; les corporations des arts et métiers apparurent dans l'histoire ce qu'elles étaient, des organisations toutes faites et depuis longtemps déjà anciennes.

« Le moment auquel a lieu cette apparition est celui de l'affranchissement des communes.

« Nombreux, ayant acquis dans l'habitude du travail la force et la prudence qui fait le succès des entreprises, pourvus, d'ailleurs, de cette puissance à laquelle rien ne résiste, celle de l'argent, les membres des communautés industrielles ne voulurent plus se contenter de l'existence précaire qu'ils devaient à des précautions continuelles. Un ordre civil,la garantie d'une société proprement dite,étaient désormais pour eux à la fois nécessaires et possibles. Ils ne manquèrent pas à acquérir les biens qui s'offraient à eux ; et l'on peut voir que les corporations industrielles ont été l'âme et le moyen de la ligue et de l'affranchissement des communes. Pour résister aux seigneurs de la féodalité il fallait plus que des hommes sortis à peine de la plèbe et du servage ;les corporations industrielles ont seules fourni à la révolte des communes ce qui était indispensable pour leur triomphe :

« Les moyens matériels d'action ;

« L'esprit de suite ;

« Un commencement d'ordre ;

« L'habitude de la discipline et de l'union. »

« Pour constater tout ce que les communes ont dû à l'énergie des corporations industrielles, on doit considérer le mouvement communal là où il est parvenu à son degré le plus haut de puissance. En Italie comme dans les Pays-Bas, ce sont les corps et métiers qui délibèrent, rendent des décrets, les font exécuter et soutiennent l'Etat dont ils sont tour à tour, la prudence et la force.

« Ayant soutenu cette indépendance civile qui leur était nécessaire, les corporations industrielles se sont comportées comme les communes ; elles ont demandé aux rois aide et protection, laquelle reconnaissance devait être pour elles, un titre d'existence et un gage de sécurité.

« Mais cette reconnaissance ou confirmation des privilèges industriels par l'autorité royale eut sur l'existence de ces corporations un effet absolument contraire à celui qu'elle en attendait ; elle y introduisit une révolution radicale. Les corporations industrielles avaient existé par elles-mêmes. En vertu de la reconnaissance royale, elles tirent désormais du roi seul leur existence ; la confirmation devint un octroi proprement dit et de là, prit naissance cette maxime contestée mais juridiquement vraie, que le droit de travail était régalien ou royal.

« A partir de ce moment, d'autres institutions,

d'autres mœurs, ont changé le point de vue et dirigé les aspirations vers un autre idéal. La commune qui avait, pendant de longues années, garanti l'indépendance du travail et la dignité du travailleur est devenue par le temps un instrument d'oppression et un moyen de fiscalité. L'individualisme, qui était une faiblesse, a pris le nom d'initiative et s'est transformé en force.»

En un mot, les corporations industrielles qui avaient existé, par elles-mêmes, par la reconnaissance royale, de libres qu'elles étaient, firent acte de servitude volontaire et devinrent les instruments des rois ; à ce titre, lorsque la révolution de 89 éclata, elles subirent le même sort que ceux-ci; elles furent considérées comme la violation de la liberté, idole du XVIIIe siècle, elles furent déclarées funestes, indignes, oppressives. Les hommes de cette époque brisèrent tout : le bien comme le mal.

« Le régime corporatif, organisait et maintenait au complet la famille ouvrière composée du maître, de l'ouvrier et de l'apprenti, travaillant ensemble et vivant de la même vie. Le patronage s'exerçait à tous les degrés de l'échelle ouvrière, et l'appel à une juridiction paternelle y était fréquente, les différends aboutissaient généralement à une conciliation, parce que l'esprit de famille régnait dans l'atelier, l'esprit de fraternité dans l'ensemble du métier, et qu'une certaine solidarité unissait entre elles les diverses corporations ouvrières, malgré les rivalités et les jalousies qui pouvaient les diviser.

« Ce lien professionnel s'est rompu avec la proclamation du principe de la liberté ouvrière qui a créé *l'individualisme industriel et exagéré la puissance de l'argent*; ce ciment qui faisait des pierres de l'édifice un seul et solide bloc, s'est désagrégé peu à peu, sous l'action dissolvante de l'intérêt personnel. Les apprentis sont devenus impatients du joug et oublieux de leurs devoirs, tandis que plus d'un maître moderne s'est habitué à ne voir en eux que des instruments de travail gratuit et de gain facile. Les ouvriers, qu'aucun contrat ne lie à leur patron, lequel est, de son côté, parfaitement libre de les congédier, affectent envers lui une indépendance frondeuse.

« Les uns et les autres après s'être devenus indifférents sont devenus réciproquement hostiles. »

Dans le système actuel, le principe de la liberté a produit l'individualisme avec ses initiatives et ses responsabilités, avec ses chances de succès et ses possibilités de fortune pour quelques-uns ; mais aussi avec ses isolements, ses faiblesses, et ses gênes pour le plus grand nombre.

L'apprenti, l'ouvrier, le patron ont conquis en même temps que leur indépendance industrielle, le droit de se protéger eux-mêmes. La corporation n'est plus là pour former le faisceau et centupler les forces protectrices.

D'où, à première vue, le fait en lequel se résume la Révolution de 89 : l'avènement de tout être humain au titre de créature immortelle et libre, qui est un droit et un bienfait, est aujourd'hui considéré comme un péril et une usurpation, par suite de la prédominance de ce sentiment d'individualité dans l'esprit de tous.

Or, ce sentiment intime, profond, sacré, d'invidualité, qui fait que chacun se sent quelqu'un et veut être quelqu'un ; qui est le grand moteur du monde moderne ; qui est l'âme de toutes les ambitions et de tous les progrès ; qui est même le seul fondement solide de l'esprit d'association : (car une association n'est féconde que si tous les membres y apportent comme première mise de fond, une valeur individuelle, s'ils y comptent comme des chiffres et non comme des zéros, autrement ce n'est pas une association, c'est un troupeau et un berger) ce sentiment, est-il un mal absolu ?

A nos yeux, non ! il est un mal relatif, c'est-à-dire un bien dont nous usons mal ; il est comme la liberté et l'égalité, un instrument excellent, mais nouveau dont nous ne savons pas nous servir. Apprenons-en le maniement et il nous aidera à reconstituer cette société des travailleurs qu'il semble aujourd'hui devoir renverser.

Pour cela remontons à l'époque à laquelle ce sentiment, a pris naissance dans le cœur de l'ouvrier, et suivons son développement jusqu'à ce jour.

Tout d'abord, né avec lui, comme nous l'avons dit tout à l'heure, l'exagération de la puissance de l'argent le transforma en cet égoïste qui concentre toutes ses pensées sur soi, puis la faiblesse et la gêne qui en dérivent, l'amenèrent à cette personnalité envieuse qui compte comme souffrance tout bonheur arrivant aux autres; de là par une progression naturelle, à cet individualisme qui nous isole de nos semblables ; puis enfin le conduisit à cet état d'exaspération qu'a si bien décrit Victor Hugo, dans son œuvre posthume « Choses vues » au sujet de la fête donnée en 1847, par M. le Duc de Montpensier dans le parc des Minimes, au moment où la misère et la disette sévissaient.

« Il semblait », écrit-il « que cette fête n'eût rien d'impolitique, au contraire, M. de Montpensier en dépensant deux cent mille francs a fait dépenser un million. Voilà dans cet instant de misère douze cent mille francs en circulation au profit du peuple; il devait être content. Eh bien, non! »

« Quand on montre le luxe au peuple dans des jours de disette et de détresse, son esprit, qui est un esprit d'enfant (1), franchit tout de suite une foule de degrés; il ne se dit pas que ce luxe le fait vivre, que ce luxe lui est utile, que ce luxe lui est nécessaire; il se dit qu'il souffre, et que voilà des gens qui jouissent; il se demande pourquoi tout cela n'est pas à lui, il examine toutes ces choses, non pas avec sa pauvreté, qui a besoin de travail, et par conséquent besoin des riches, mais avec son envie! »

« Ne croyez pas qu'il conclura de là : Eh bien! cela va me donner des semaines de salaires et de bonnes journées. Non, il veut lui aussi, du plaisir, des voitures, des chevaux, des laquais, des duchesses. Ce n'est pas du pain qu'il veut, c'est du luxe. Il étend la main en frémissant vers toutes ces réalités resplendissantes qui ne seraient plus que des ombres s'il y touchait. »

« Le jour où la misère de tous saisit la richesse

(1) Ici, à nos yeux, l'auteur a commis une erreur, son esprit n'est pas celui d'un enfant; nous eussions dit à sa place Son esprit obstrué par la misère, qui est une interruption de la vie intellectuelle.

de quelques-uns, la nuit se fait, il n'y a rien pour personne. Ceci est plein de périls. »

« Quand la foule regarde les riches avec ces yeux-là, ce ne sont pas des pensées qu'il y a dans tous les cerveaux, ce sont des événements. »

Tels sont les degrés successifs de l'individualisme.

Eh bien ! que faire en cet état de choses? Comprimer ce sentiment dans le cœur de l'ouvrier. Cette compression amènera selon son caractère, la révolte ou l'hypocrisie. Le laisser sans direction et livré à lui-même? Cette faiblesse augmentera ce qu'elle produit aujourd'hui : l'outrecuidance, l'égoïsme et la mollesse.

Des Syndicats et Associations.

Depuis 1836, des hommes libéraux ont fait diverses tentatives, ils ont encouragé divers syndicats. Les ouvriers de leur côté en ont également formé.

La Société des Agriculteurs de France, depuis nombre d'années est à la recherche de mille et un moyens pour sortir comme tout le monde de la crise économique, se rejetant, soit sur le commerce, soit sur l'industrie. Elle recherche les moyens de réduire la main-d'œuvre dans l'intérieur de la ferme, d'améliorer les habitations rurales, d'organiser le crédit agricole, etc.; mais en réalité elle tourne autour d'un cercle vicieux duquel nous allons essayer de la faire sortir.

Pour cela, reprenons le problème posé par elle, de réduire la main-d'œuvre dans l'intérieur de la ferme.

Constatons tout d'abord que l'industrie par la création de machines agricoles a participé pour une large part à réduire cette main-d'œuvre. Or. d'un autre côté, certains agriculteurs reprochent justement à celle-ci d'avoir, par ce fait, enlevé les bras à l'agriculture.

A notre avis, le problème tel qu'il est posé est défectueux en sa faveur.

En effet, reprenons les faits.

L'agriculture, manquait de bras, l'industrie pour y remédier a créé et construit des machines; celles-ci employées, les bras viennent à manquer de plus en plus. Il y a donc lieu de rechercher ailleurs la cause de l'émigration sans cesse croissante des ouvriers des campagnes. Pour cela, demandons à ces ouvriers pourquoi tous abandonnent leurs travaux agricoles pour ceux des grands centres industriels, manufacturiers et de commerce et surtout pour Paris, centre où les machines sont en un nombre infini!

Ils nous répondront tous à l'unisson :

Pour y faire fortune !

Voilà donc le grand mot lâché ! *The great attraction* ! dirait l'Anglais.

Le problème doit donc, à nos yeux, être posé ainsi :

Trouver le moyen non seulement de retenir, mais encore de ramener l'ouvrier aux travaux agricoles, en lui créant une situation autre que celle qu'il a aujourd'hui.

L'Espagne à un temps donné a eu à résoudre ce problème si grave, elle alla jusqu'à anoblir quiconque s'adonnait à l'agriculture. Aujourd'hui, ce moyen serait insuffisant, l'ordre du « Mérite agricole » créé par un de nos ministres de l'Agriculture, M. Méline, en est une preuve indéniable. Non pas que nous rejetions les honneurs, loin de là, nous sommes restés les descendants du jeune et beau Dunois. Mais quelque chose est aujourd'hui bien supérieur à la noblesse : *C'est l'argent* ! dont malheureusement l'on a trop exagéré la puissance.

Certains chercheurs, entre autres un membre de la Société des agriculteurs de France, a cru trouver la solution de ce problème en organisant des syndicats agricoles et le résultat obtenu (comme nombre) de ces syndicats créés depuis trois années seulement sur son initiative, prouverait à première vue qu'il est dans la bonne voie. Et certes, nous sommes les premiers à lui rendre, non seulement justice, mais bien hommage pour ses efforts à être utile à l'Agriculture.

Si nous recherchons tout d'abord la cause du développement beaucoup plus rapide de ces syndicats parmi les agriculteurs, nous la trouvons dans ce fait :

Que tant qu'une idée nouvelle est mise en œuvre par des hommes ignorants elle est un leurre, mais dès que les classes supérieures l'admettent, elle devient une réalité.

Actuellement, si nous examinons les résultats effectifs nous constatons que des deux côtés ils sont nuls, ou presque nuls. D'une part, ceux ouvriers se composent d'êtres humains dépourvus d'argent et n'ayant que leurs bras ; ceux agricoles se composent d'hommes instruits possédant un capital, ayant l'habitude des affaires commerciales mais dépourvus de cette force matérielle, les bras. Ainsi d'une part, le travail sans argent ; de l'autre le capital dépourvu de bras mènent au même résultat : Néant !

Pourquoi ? c'est qu'aucun d'eux ne se sont rendu compte de ce fait que ces syndicats et associations ne sont, en réalité, que les épaves du véritable naufrage survenu il y a un siècle, en 1789, à une grande et vaste organisation dont l'origine remontait à une époque très reculée et qui apparut au grand jour tout organisée et que l'on appelait *maîtrise ou jurande.*

Fouillons donc plus profondément, cherchons ailleurs si, quelque part, un nouvel état de chose ne se présenterait pas à nos yeux.

Une mort survenue l'année dernière nous vient en aide :

Madame Boucicaut en mourant, grâce à sa générosité, sans exemple jusqu'à ce jour, nous a démontré d'une façon irrécusable à quel résultat incommensurable conduit la participation aux bénéfices.

Lorsque son testament fut connu, ceux qui en profitèrent crièrent « Vive Madame Boucicaut ! » ceux qui ne participaient pas à ses largesses crièrent à la spoliation, à l'accaparement et prétendirent mettre à l'index les Grands Magasins. Nous, qui étions désintéressés dans ce testament, nous avons dit à qui a voulu l'entendre « Madame Boucicaut a malheureusement oublié dans son codicille, ces trois mots « *Faites comme moi* ! »

En effet, si elle les eût écrit, tous ceux qui ont

recueilli une part de sa fortune eussent cherché à suivre ses traces.

Pénétré de cette pensée, nous nous rendîmes auprès de ses dignes successeurs, MM. Plassard, Morin et Fillot et nous obtinrent d'eux les renseignements concernant l'organisation de cette œuvre grandiose, que nous nous faisons un devoir de publier, afin qu'ils servent d'exemple à tous.

Mais avant, nous examinerons la marche qu'a suivi le fondateur de la « Maison du Bon Marché. »

Monsieur Boucicaut ayant compris, que si le principe de la liberté absolue a produit l'individualisme avec ses initiatives et ses responsabilités, avec ses chances de succès et de possibilité de fortune pour quelques-uns, mais aussi avec ses isolements, ses faiblesses et ses gênes pour le plus grand nombre la corporation n'était plus là pour former le faisceau et centupler les forces protectrices; il ouvrit, il y a quarante-deux ans, ce petit magasin situé au coin de la rue du Bac et de la rue de Sèvres, qui tout d'abord eut plutôt l'apparence d'un déballage que d'une maison de commerce. Aidé de Mme Boucicaut sa digne et courageuse compagne, ainsi que de M. Liger, son caissier et camarade de jeunesse, il organisa son personnel de la manière suivante :

Les employés sont classés suivant leurs aptitudes

et l'intelligence dont ils justifient. Les uns sont à appointements fixes, les autres ont des appointements proportionnés, basés sur le chiffre des affaires faites par eux. Pour les premiers, M. Boucicaut fonde en 1876, une caisse de prévoyance entretenue par ses libéralités annuelles.

La maison n'inflige jamais d'amendes ;

Les employés sont nourris ;

Ceux qui le désirent sont logés dans la maison;

Un médecin est attaché à la maison ;

Une infirmerie est établie à proximité des magasins pour les employés logés par la maison et qui ne peuvent rejoindre leur famille ;

Tous les employés doivent faire partie d'une Société de secours mutuels.

Pour le service militaire :

Les employés quittant la maison pour faire leur service militaire, à la fin de leur service sont réintégrés dans leur emploi; ils doivent à cet effet prévenir au moins trois mois à l'avance et présenter à leur libération des certificats irréprochables.

Ceux appelés à faire leur service militaire de 28 ou 13 jours, ont droit à 2 francs d'indemnité personnelle par jour, plus un franc par jour pour chacun de leurs enfants.

Les employés intéressés sur les affaires, ont droit à la moitié de leurs appointements fixes.

En dehors de ces avantages, il a fondé :

Un cours de langue anglaise ;

Deux cours de musique ;

Un cours d'escrime.

Se contente-t-il d'être utile à ses employés? non! il leur fait partager jusqu'à ses plaisirs! Chaque année, il louait une chasse à laquelle il conviait tour à tour ceux d'entre eux les plus méritants.

En 1875, la mort de son collaborateur et ami, M. Liger, venait lui porter un coup mortel ; il ne devait lui survivre que de quelques mois.

A sa mort Mme Boucicaut, qui jusqu'alors n'était jamais intervenue dans la vie extérieure où son mari avait conquis un si grand nom, et n'était regardée que comme une épouse simple et bonne, apparaît dans toute sa grandeur. Epouse elle avait été le bon génie de son intérieur, toujours ignorée. Devenue héritière de son mari, elle aurait pu abandonner les soins de cette maison si considérable ; elle en jugea et décida autrement. Elle prit à cœur de continuer cette œuvre entreprise bien certainement sur ses inspirations, elle adopte cette solution heureuse de l'association et du capital.

En 1880, elle fonde la Société du « Bon marché »

entre elle et cent de ses employés, sous la raison sociale Vve Boucicaut et Cie. Le capital social est de vingt millions dans lequel elle apporte douze millions cinq cent mille francs. Dans les statuts tout y est prévu : Les charges, les intérêts des mises de fonds et des comptes courants, sa comptabilité, les frais généraux, les intérêts de chacun, la répartition des bénéfices nets.

Cette dernière n'aura lieu que lorsque le fonds de réserve aura atteint six millions pour lesquels les commanditaires et Mme Boucicaut elle-même, doivent laisser, dans la caisse sociale la *totalité* de leurs bénéfices jusqu'à concurrence de ce chiffre.

Elle crée en outre un conseil et prévoit le cas de son décès.

En 1882, elle complète cette œuvre par la création d'une réserve d'incendie, augmente la réserve statuaire, modifie la répartition des bénéfices.

Elle augmente le capital de la caisse de prévoyance fondée par M. Boucicaut, au moyen d'une somme prélevée chaque année sur les bénéfices de sa maison.

Enfin, le 4 août 1886, elle fonde une caisse de retraite. Dans ce but, voulant que cette caisse fonctionne sans aucune retenue sur les appointements des employés, pour les doter, elle prélève, *un mil-*

lion sur sa fortune personnelle. Le 16 août de la même année elle la dote de quatre millions!

En voici les principaux articles :

Elle est instituée en faveur des employés de commerce du *Bon Marché* qui n'ont ou n'auront aucun intérêt, soit sur les bénéfices généraux, soit sur les affaires de la maison, soit enfin sur la vente générale d'un rayon quelconque.

La forme des allocations de retraite à fournir par la caisse aux personnes susvisées sera la pension viagère.

Le droit à la pension de retraite est acquis aux employés en question (hommes et femmes) comptant vingt années de service dans la maison. Mais elle ne sera pas servie :

Aux hommes, avant qu'ils aient atteint l'âge de cinquante ans révolus.

Et aux femmes avant qu'elles aient atteint l'âge de quarante-cinq ans accomplis.

L'employé ne pourra jamais cumuler sa pension avec le traitement qu'il aurait dans la maison de commerce, par suite il n'aura droit à la dite pension de retraite qu'après qu'il se sera retiré de la maison.

La pension sera viagère, au minimum de six cents francs et au maximum de quinze cents francs par an.

Des pensions ou secours pourront exceptionnellement être accordés par le conseil d'administration :

Aux employés en activité de service qui seraient dans l'impossibilité de continuer à remplir leurs fonctions ;

Aux veuves et orphelins mineurs des employés ;

Et aux employés mêmes intéressés dont la situation serait devenue mauvaise.

Elle meurt !

Elle distribue entre tous ses employés, suivant la durée de leur séjour dans la maison, une somme de seize millions.

Elle donne :

Aux convalescents, à ceux qui éprouvent le besoin d'un repos salutaire, la jouissance de sa magnifique propriété de Fontenay. Aux villes et lieux d'origine, Verjux, Bellème, Cannes, Fontenay-aux Roses, aux établissements publics, deux millions.

Aux associations protectrices des artistes, des inventeurs, aux membres de l'enseignement, aux individualités les plus malheureuses de la Presse.

A M. Pasteur.

Elle fonde :

Trois maisons de refuge pour les filles-mères ; pour l'entretien des dites, elle dispose de deux millions.

Une maison de retraite à Fontenay-aux-Roses, donne un immeuble, et pour l'entretien, cinq cents mille francs.

Une autre à Bellème, un immeuble. Pour l'ameublement et la construction, cent mille francs.

Pour l'entretien, quatre cent mille francs.

Au bureau de bienfaisance de Bellème, cent mille francs.

Aux pauvres de Paris, deux millions cent mille francs.

Aux établissements religieux, huit cent trente mille francs.

Donne pour la construction d'un hospice, dix millions.

Pendant son existence elle a fait élever à Fontenay-aux-Roses un asile pour les vieillards, un presbytère.

A Verjus, elle a fait bâtir la mairie, les écoles, l'asile et un pont.

En résumé, les résultats matériels de quarante années de labeur, au moyen de la participation aux bénéfices furent :

La réalisation d'un gros capital.

La fortune assurée à trois cent soixante-treize employés.

Plus de trois mille autres assurés d'une pension,

lorsque l'âge ou les infirmités ne leur permettront plus de travailler.

Hélas! Que n'a-t-elle vécu quelques années de plus, elle eût certainement racheté cette propriété de Chenonceau, œuvre de la féodalité, et elle l'eût transformée en une maison de retraite pour « ces hommes qui s'étant donnés à leur art, à la science, aux lettres, à l'enseignement, ont oublié d'assurer leur existence matérielle, ou n'ont pu y réussir. »

Quel exemple c'eût été :

L'ordre, l'économie, la participation aux bénéfices rachetant ce que la personnalité, le désordre, l'immoralité, avaient perdu!

Et dire que des hommes, dépourvus de tout esprit de recherche et de comparaison, ne se sentant ni la force, ni le courage de former un établissement, en achètent de tout fondés, au double de leur valeur; croyant que la fortune doit leur parvenir sans aucun effort, et perdent en peu de temps, non seulement le patrimoine, mais encore jusqu'à l'honneur du nom qu'ils portent; osent crier : Haro! sur une telle œuvre!

Pour nous, nous disons que M. et Mme Boucicaut ont, simplement, bien mérité de l'humanité tout entière!

DE LA PARTICIPATION AUX BÉNÉFICES

Revenons actuellement au sujet qui nous préoccupe :

Faire prévaloir cette maxime de la participation aux bénéfices.

Les ouvriers, comme les commerçants et les industrielles se rejettent aujourd'hui sur le Gouvernement et réclament de lui des lois qui les protègent. Quelle contradiction! D'une part, ils se récrient contre le pouvoir, de l'autre, le réclament! N'y a-t-il, en effet, rien au monde qui affirme plus le pouvoir que la loi!

A nos yeux, la société et la politique sont deux sœurs nées le même jour, destinées à vivre sans cesse l'une près de l'autre, suivant le même chemin et ne devant jamais s'opposer l'une à l'autre, mais au contraire, devant sans cesse se soutenir et s'entr'aider.

Il appartient donc au Gouvernement de guider simplement le commerce et l'industrie dans la bonne voie.

Comment? Par exemple!

Et nous revenons alors à cette proposition que nous faisions au commencement de cet ouvrage pour les employés de toutes nos administrations.

Qu'il ouvre des concours entre tous les employés, afin de connaître :

1· Les rouages de ces administrations;

2· Les modifications à y apporter;

3· La valeur intrinsèque de chaque employé.

Et alors organiser au point de vue économique la rémunération des services par la participation aux bénéfices et la garantie pour l'avenir, d'être à l'abri de tous malheurs qui pourraient leur survenir.

Puis cet exemple donné, d'exiger dans les cahiers de charges, clauses et conditions que les entrepreneurs et fournisseurs suivent son exemple.

Que dans les travaux publics, il soit exigé des entrepreneurs, d'exécuter les travaux dans un délai donné, au cas où ils ne le seraient, de leur imposer une retenue de tant par jour, et qu'en revanche, s'ils réalisent ces travaux dans un délai plus court, qu'une gratification leur soit accordée laquelle serait répartie en quatre parts égales.

La première appartiendrait à l'entrepreneur;

La seconde servirait à fournir une caisse de réserve;

La troisième une caisse de retraite;

La quatrième serait répartie immédiatement entre tous les ouvriers, ce qui leur permettrait de se donner au fur et à mesure un petit bien-être en dehors de la vie ordinaire.

Nous sommes convaincus que cet exemple donné, ramènerait des rapports directs entre les patrons et ouvriers qui de plus en plus s'adouciraient, s'affermiraient, ramèneraient l'esprit de fraternité et de solidarité et l'on verrait renaître les bonnes traditions d'autrefois qui assureraient l'intérêt du consommateur par la bonne qualité dans les produits de bon marché et la sincérité dans la vente.

CONCLUSION

Pour en terminer, nous demandons donc la révision partielle de la Constitution par le Congrès sur les cinq points que nous avons énoncés précédemment.

Cela fait :

Que le Gouvernement procède sans retard à la réorganisation des services administratifs.

Tandis que la Chambre des députés pendant le cours de l'année 1889-1890, s'occuperait de la révision du cadastre à la charge des intéressés, la Chambre du Conseil, préparerait un projet de loi relatif à l'impôt progressif appliquable tout d'abord à l'application du timbre, lequel devra être voté à la fin de la dite année. Et cela pendant que le Sénat, de son côté, s'occuperait des réformes de la magistrature...

Puis dans le cours de l'année qui suivrait, le conseil de la Chambre des députés étudierait la réorganisation de l'Assistance publique, notamment au point de vue de donner à l'homme le pouvoir qui lui manque, d'être entièrement à lui-même; tandis que celui du Sénat étudierait la réorganisation des travaux publics. Et ainsi de suite, de telle sorte qu'à la fin de ces quatre années de législature, la moitié des revendications du peuple serait réalisée. De cette façon, nos législateurs justifieraient le mal fondé de la critique portée contre le parlementarisme.

En effet, ceux qui le critiquent ne voient que les résultats, et ne veulent pas en rechercher la cause laquelle ne consiste que dans le manque d'ordre et de suite dans la discussion, et le désordre est égal à l'épouvante! *C'est ici qu'est le danger!* s'écrient les uns en montrant la droite! C'est là *le mal auquel il faut remédier*! Disent d'autres en montrant le côté opposé. Le gouvernement, tiraillé dans tous les sens, assailli par mille cris désordonnés, fléchissant sous le poids de la responsabilité, donne quelques ordres intelligents mais incertains, organise des commissions, mais en paraissant plutôt les consulter que les commander. Sa voix n'a pas cet accent d'autorité qui s'impose. Le premier besoin des hommes dans le péril est de croire en celui qu'il a choisi, pour le guider, et la première qualité du guide est de croire en lui-même.

UN DERNIER MOT

En écrivant ces lignes nous n'avons jamais pensé faire œuvre littéraire, nous savions d'avance nous tromper nous-même ; nous avons cru faire acte de patriotisme.

Notre profond désir a été de venir en aide à tous, en leur traçant d'abord, un plan d'organisation d'ensemble, puis en indiquant la voie à employer pour sa réalisation, convaincu que c'est là le seul moyen d'arriver à l'union des républicains, que tous réclament à cor et à cri, et qu'ils ne peuvent réaliser, par cette raison bien naturelle qu'elle ne peut se faire que sur des actes et non sur des paroles ; et que d'autre part, rien n'est plus chimérique que de chercher la concorde politique dans la simitude des opinions ou des croyances. Où la chercher alors ?

Dans le principe nouveau, inébranlable, et qui est le fondement de toute vraie démocratie :

LE RESPECT DES DÉSACCORDS.

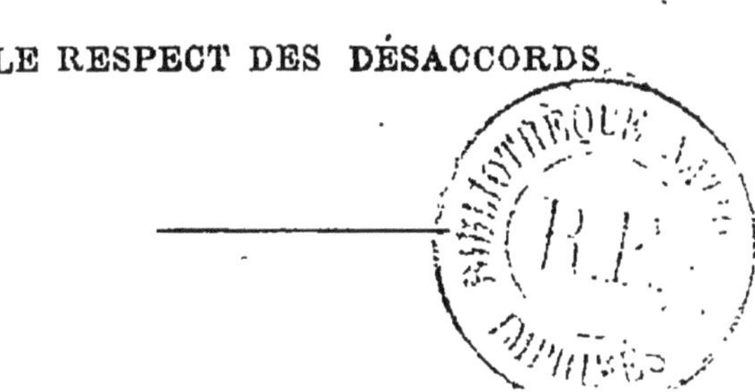

TABLE DES MATIÈRES

CHAPITRE III

RÉFORMES ADMINISTRATIVES

CHAPITRE IV

CHAPITRE V

CHAPITRE VI

CHAPITRE VII

Paris. — Typ. A. DAVY, 52, rue Madame.

www.ingramcontent.com/pod-product-compliance
Ingram Content Group UK Ltd.
Pitfield, Milton Keynes, MK11 3LW, UK
UKHW021058200726
13857UKWH00003B/994